薪火相传：

中国传统哲学及现代化简论

陈萃韧 著

中国华侨出版社
·北京·

图书在版编目（CIP）数据

薪火相传：中国传统哲学及现代化简论 / 陈萃韧著. -- 北京：中国华侨出版社，2024. 12. -- ISBN 978-7-5113-9257-2

Ⅰ．B2

中国国家版本馆CIP数据核字第20247XL420号

薪火相传：中国传统哲学及现代化简论

著　　者：	陈萃韧
责任编辑：	刘继秀
封面设计：	寒　露
经　　销：	新华书店
开　　本：	710毫米×1000毫米　1/16开　印张：16　字数：230千字
印　　刷：	定州启航印刷有限公司
版　　次：	2024年12月第1版
印　　次：	2024年12月第1次印刷
书　　号：	ISBN 978-7-5113-9257-2
定　　价：	78.00元

中国华侨出版社　北京市朝阳区西坝河东里77号楼底商5号　邮编：100028
发 行 部：（010）64443051　传　真：（010）64439708

如发现印装质量问题，影响阅读，请与印刷厂联系调换。

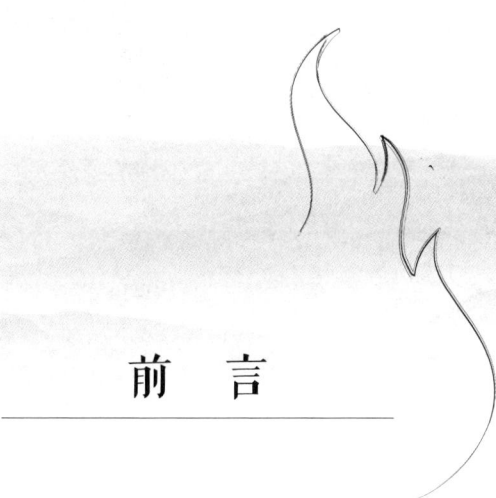

前 言

  中国的传统哲学随着时代的不断发展而历久弥新，并且在现阶段还和习近平新时代中国特色社会主义思想相结合，迸发出新的哲学呼喊。

  从先秦诸子百家到明清时期，中国传统哲学长期在"原始的天人合一"阶段徘徊，在明清之后，以甲午战争作为分界线，中国传统哲学在向西方不断学习的过程中也在不断地发展，逐渐意识到了个人主体性的重要作用，了解了"主客二分"关系结构，因此，"五四运动"喊出了"民主""科学"的口号。

  "五四运动"的一个相当重要的意义便是将马克思主义介绍到中国，之后，马克思主义的传播成为新文化运动的主流。21世纪以来，我国不断推进马克思主义理论的创新发展。

  本书的重点是介绍中国传统哲学、各家的学派及其理论，并且将其置于时代和哲学家的个人背景之下，来深度挖掘其哲学的思想体系。研究历史，不仅是为了回顾，而且是要能够对于当下的时代提供帮助，因此，本书将中国传统哲学和现代社会进行了融合思考，希望读者能够从中国传统哲学之中得到启发，为现在的哲学研究以及现在的社会发展建言献策。

  书中如有不周之处，还请各位斧正。

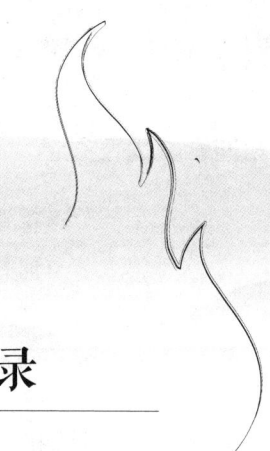

目　录

第一章　概　述
第一节　哲　学 / 003
第二节　中国传统哲学 / 016
第三节　中国传统哲学产生的理论基础 / 019
第四节　东西方思维方式的差异 / 031

第二章　先秦时期的哲学
第一节　先秦道家哲学 / 047
第二节　先秦儒家传统哲学 / 058
第三节　先秦墨家哲学 / 070
第四节　先秦法家哲学 / 076

第三章　两汉时期的哲学
第一节　贾谊的"儒道相融"思想 / 085
第二节　董仲舒的"天人感应"思想 / 087
第三节　王充的"气一元论"思想 / 091
第四节　桓谭的"烛火"思想 / 095

第四章　魏晋玄学

第一节　魏晋玄学的形成及其特征 / 099

第二节　何晏、王弼的"贵无"思想 / 104

第三节　欧阳建、裴頠的"崇有"思想 / 109

第四节　郭象的"独化"思想 / 111

第五章　唐朝时期的哲学

第一节　韩愈的"道统" / 119

第二节　柳宗元的"天人不相预"思想 / 123

第三节　刘禹锡的"天人交相胜"思想 / 125

第六章　宋明理学

第一节　理学产生的时代背景 / 131

第二节　张载的关学思想 / 132

第三节　"二程"的洛学思想 / 138

第四节　朱熹的闽学思想 / 141

第五节　陆王心学思想 / 145

第七章　明清时期的哲学

第一节　明清传统哲学由"修德"转向"经世" / 155

第二节　黄宗羲的"新民本"思想 / 161

第三节　顾炎武的"明道救世"思想 / 164

第八章　中国传统哲学的优异特征

第一节　万物一体：普遍联系的辩证观 / 171

第二节　道德教化：仁爱为主的伦理观 / 174

第三节　积极入世：内圣外王的修养观 / 176

目 录

　　　第四节　天下大同：和谐安定的社会观　/　177

第九章　中国传统哲学的现代价值与教育意蕴

　　　第一节　中国传统哲学的现代价值　/　183

　　　第二节　中国传统哲学对审美教育的启示　/　188

　　　第三节　中国传统哲学对思想政治教育的启示　/　191

第十章　中国传统哲学的转型与创新转化探索

　　　第一节　中国传统哲学"中西马三元并立"的转型　/　203

　　　第二节　中国传统哲学创造性转化的必要性　/　215

　　　第三节　中国传统哲学创造性转化的可行性　/　223

第十一章　中国传统哲学现代化的路径与手段

　　　第一节　中国传统哲学与马克思主义哲学融合发展　/　231

　　　第二节　中国传统哲学融入当代教育的可行性分析　/　236

　　　第三节　中国传统哲学"理想人格"思想现代性指引　/　238

参考文献

第一章 概 述

第一章 概 述

第一节 哲 学

一、哲学的产生以及古希腊哲学

哲学的研究对象是把世界（包括自然和人）作为一个整体来考虑普遍问题。黑格尔也曾表示，哲学以思想、普遍性作为主要内容。而这样的内容就是整个存在。当有一个地方被认为是无所不容的存在，哲学也就可以以这里作为发展的源头。

所以哲学上讲的普遍性，便是最高最大的普遍性；而科学所讲的普遍性、规律性却是较小范围的，因为科学研究出来的是针对某一个具体事物而言的发展规律。但仍需要注意的是，只要是对事物普遍性的考虑，都应被称为哲学的起点。

在古希腊哲学里，对于科学的含义并没有区分，因为受到当时社会发展水平的限制，所以哲学并没有得到细化，而都是在讲述事物的普遍性。之所以常常感觉哲学离人们很远，是因为从古希腊开始，哲学讲述的便是关于整个世界的最高最大的问题。但是从另一个角度来讲，人们的日常衣、食、住、行也都离不开哲学，因为哲学本来就是和生活息息相关的。每一个人在生活之中，都或多或少会有这样的思考："人类从何处来？""这个问题应该如何去看待？"当人们思考到这样具有普遍性的问题的时候，便是哲学思考的开始，所以哲学并不是神秘的，而是和人们的日常生活休戚相关的。

每个人常常会为自身的具体问题考虑，也就是个人的吃、穿、住、用、行，这些都是正确的。因为生活在世间，每个人的定位便是一个"俗人"，会为自己的生活而奔波忙碌。但是当人闲下来的时候，也会思考一些具有普遍性的问题。例如，人是从哪里来的，将要到哪里去，生命的意义如何等。这些都是一些普遍性的问题，所以其实每一个人在生活中或多或少都会对哲学进行一些思考。

哲学思考最初开始于追问，也就是对某一事物的产生有了好奇。也就是说，如果对于这个事物漠然处之，那么便不会产生对于该事物的思考，也就不会有一些哲学式的发问；而如果对此种事物产生了真实的思考，经历了对于这个事物的不懂到渴望去懂这一个过渡状态，便可以理解成为惊异。

那么哲学的惊异既可以是因为对所遇见的现实生活之中的一点小事有感而发，也可以是对于整个世界最高最大的问题的追问。因为遇到不同的事物是有大有小的，所以，如果想要去进行区分的话，笔者认为这种对于世界最高最大的问题的惊异便是哲学的产生，而像是上述对于生活之中的小事的有感而发，或许只能称得上是生活之中的一些感想（当然感想里面继续追问下去可能也会涉及最高最大的问题）。但是，从严格意义上区分，还是应当以惊异作为出发点去探索最高最大的问题。

此外，哲学也应是从实践之中产生的，这同样也是很正确的。这和上述哲学源于惊异的说法，是没有矛盾的，也就是不冲突的。因为人本身就是生活在这个现实社会里面的，人在现实社会之中，首先要做的事情便是实践。原始人茹毛饮血，古代的人日出而作、日落而息，近代的人去工厂上班，现代的人在互联网上畅游，这些都是实践。每个历史阶段因为实践的不同，产生的事物形式也不同，但是归根结底也都是因为实践才产生的。

但是在现实生活之中的人，也并不是人人都会有着惊异，因为有些人对于现实生活是麻木不仁的，所以他很难产生一些思考，就像是上面所说的，思考的途径和产生的惊异也是会分情况的，所以当在现实工作中的人们接触到了最高最大的问题时，那么哲学便产生了。所以，哲学起源于惊异和哲学起源于实践同样是紧密相关的。

既然已经知道了哲学是从何处产生的，那么接下来便要去探究，哲学所提出的最高最大的问题是什么呢？这要从哲学史去寻找答案。

如果从中国哲学史上来说，哲学这个词在古代中国是没有的，因为到了晚清，黄遵宪才将哲学一词从日本引进中国。所以要讲哲学的启蒙，便应该从哲学最初的开端来讲，也就是要回到古希腊时期。

在古希腊哲学方面，从公元前6世纪开始，小亚细亚的米利都就有一些人开始从自然现象之中去探究宇宙是如何构成的（最高最大的普遍性问题）。例如，泰勒斯的学说主张水是万物的来源；阿那克西曼尼认为空气才是世间万物构成的主要元素，他将火看作流动的空气，空气凝结成为水，之后再变成石头。于是另一位哲学家赫拉克利特便主张将火看作物质的最基本元素。

赫拉克利特还提出了哲学的主要观点是爱智慧，也就是说，哲学本来是从爱智慧开始的。喜爱智慧，就像现代有的人喜爱运动，有的人喜爱荣誉，有的人喜爱权力一样，都是不可缺少的。因为在赫拉克利特时代，哲学这个词还没有产生，所以爱智慧和哲学这个词又是完全不相同的，但是初步已经勾画出了哲学的轮廓。

爱是喜爱、热爱，也指向于世间万物能够处于一体之中。而智慧则指向于存在的东西都在存在之中，也都是属于存在，并且也都集合在存在之中，存在（希腊文里面表示的是集合）的大意便是将事物集合于一体，将其看作一个整体。

如果用爱智慧的思想，相比于中国传统哲学史里最早的观点，便是万物一体。所以中国传统哲学与爱智慧的思想结合就是人与万物合而为一的一种和谐一致的意识。

以爱智慧作为最初的启发，赫拉克利特无疑认为人与外界万物是和谐地存在于一体的朴素哲学思想，也是从自然的启迪中发现的。

薪火相传：中国传统哲学及现代化简论

但是在古希腊有另一批人，从公元前5世纪开始，对于政治、伦理和辩论术之间的关系产生了很大的兴趣。当时人们称呼他们为"雄辩家"或"智者"，这些人通过教授年轻人如何学会辩论来谋生，如普罗塔哥拉斯、高尔吉亚以及苏格拉底等。但是他们在辩论之中也常常会走向怀疑主义。

希腊最著名的思想家便是苏格拉底。苏格拉底在伯罗奔尼撒战争之后，因为雅典司法制度和政治的混乱，而被人们公投处死。但是苏格拉底的死，让当时那些头脑清醒的哲学家去思考内在道德，可以说，苏格拉底是用自身的死去追求真理，将希腊哲学引领到了一个崭新的方向。因此，苏格拉底可以说是第一个将伦理道德作为关注中心的哲学家。

这样的一群智者为了谋生，或者证明自己的理论，便要与人们进行辩论，也就是说，想要证明自己坚持的观点是正确的，便需要去解释和证实这个观点是正确的，这样才能够被大众所理解和接受，于是能够解释理智性和概念性的思想慢慢就变成了智者所追求的首要目标。

在这一阶段，哲学已经由人与自然万物的和谐相处转换成为人要设法将外界的事物解释清楚，也就是说，人与万事万物已经不再是一体的了，而是要将人和万物隔离和分裂开来。当智者学派开始不断地用辩论的方式去解释这一事物的时候，哲学在这个阶段就开始了转型，这个转型便是从哲学家认为的人是爱智慧的，也就是由人与万事万物是和谐相处的，转换成了人要解释这个事物。

现在来说一说著名的苏格拉底，从西方哲学史上讲是他开启了人对自我内心道德的审视。笔者认为，这是从对于外界事物的追求，转向了人对于自身内心事物的认知，也可以称得上是西方哲学史上的一次大转型。笔者认为，苏格拉底关于内心道德的开启和中国的先秦诸子百家由敬仰神秘的天道转向人的自身可以相提并论。

和其他智者相比，苏格拉底生活贫寒，但由于他自身能力强而成为一名步兵（在希腊城邦时期，理想的公民状态是成为一名步兵）。苏格

第一章 概 述

拉底自己不修边幅,并且常常打着赤脚,据说酒量过人。

苏格拉底喜欢做的事情便是和人交流,思考问题。相传他常常自己站在雅典的街头向路过的行人发问。可以想象,衣衫褴褛、赤脚蓬头的苏格拉底拉着路过的每一个行人,去探索那些关于宇宙和最高最大的普遍性问题的画面,充满了荒谬和怪诞。但是,苏格拉底此举的本身便是想要印证自己的观念正确与否,也就是要能够说明事物的发展是否符合自己的设想。

苏格拉底希望通过这样做而发现普遍而又正确的美德(哲学细分伦理观念的最高最大的问题)。他对于智者怀疑道德价值这一观点进行了怀疑,因为他在自身的不断探索中渐渐发现了来自正确认知的美德能够给人带来幸福(从这里便可以看出来,哲学源于实践和哲学源于惊异是不冲突的。苏格拉底对美德产生了惊异,之后便开始对自己的学说进行印证,其实践的方式是站在街边对其他路人进行发问)。人之所以会犯错误,便是因为人的无知,因为大多数人都会认为自己的行为是正确的,而没有换个角度思考问题。许多人也都会认为自己最好的生活是有能力得到自己想要的一切,实际上最理想的生活应是关注道德,并且要遵循理性的指引。幸福生活所需要的一切便是道德知识。

而苏格拉底引起人们的厌恶和恐惧的原因在于以下两个方面。第一,苏格拉底的免费学说和他的思想。因为是免费的,相对于其他收费的智者,便自然而然受到智者队伍的厌恶。而且苏格拉底又常常把别人辩论得哑口无言,在他那里学习的青年也常常回家同父母进行辩论,很快便会在雅典这个不大的社会里面引起民愤(也许正是因为本身雅典的城邦是小国寡民,所以哪怕苏格拉底只是教了几个学生,也可以引起当地居民的不满,因为地方小)。

第二,苏格拉底的两个学生,一个是亚西比德,另一个则是恶名远扬的克里提亚斯。其实关于克里提亚斯,最主要的还是在伯罗奔尼撒战争失利以后,雅典整个城邦遭受了太大的打击,并且此时以克里提亚斯

薪火相传：中国传统哲学及现代化简论

为主的30名僭主只关注他们个人的利益，忽视全邦人民的权益。此时，公民将怒火也就转到了苏格拉底，因为苏格拉底是克里提亚斯的老师。于是那些诽谤苏格拉底的公民以"亵渎神灵"和"教坏青年"起诉了苏格拉底。在审判中，苏格拉底并没有为自己辩护，反而是慷慨陈词，这一举动激怒了民众法庭的500位陪审员，他们判苏格拉底死刑或者流放，二选一。但是苏格拉底认为自己应该受到奖赏。这对于500位陪审员来说简直是火上浇油，他们直接判处苏格拉底死刑。之后，苏格拉底又拒绝了好友的越狱建议，慷慨赴死。但是他的死也没有唤醒因为伯罗奔尼撒战争受到重创的雅典人的信心。

有相关文献记载，在处死苏格拉底不久后，雅典的公民就追悔莫及，他们觉得这是雅典民主的污点。苏格拉底之死对于柏拉图却产生了很深的影响，它让柏拉图深刻地相信，民主制下的公民没有能力超越自己的个人利益达到对于真理的认知，他对民主制进行了严厉的批判，认为民主制是一个不合理的制度。

柏拉图是一个才华横溢的人，他的兴趣非常广泛，并且其著述涉及相当多的领域。他的思想在当时并没有被接受，而是几乎到了两个世纪以后的罗马时期，才成为哲学思想的精髓。

柏拉图其实并不同意苏格拉底的观点，他不赞成基本的知识是以内省的方式为基础的道德知识，他认为知识就是对独立于人类之外的真理的追求，而且知识也是可以传授的。由此可以看出，哲学在这个时候由一个整体转换到了人和知识两个独立的部分。为了实现他的设想，柏拉图开创了一个学院，这个学院并不像现在的学校一样什么都教，而仅仅是对哲学、数学等感兴趣的人的聚集地。他们都在柏拉图的教授之下进行学习。这个学院的影响越来越大，甚至在柏拉图去世后的900多年里学院都还很活跃。

柏拉图的书不像是一般的哲学书籍，而像是一种对话。它正是通过对话的形式让人感受话语的力量，也正是因为这种对话的形式，现代哲

第一章 概 述

学家和喜爱哲学的读者在阅读柏拉图书籍的时候,要将柏拉图的对话作为一种整体去阅读,而不应根据某个语句进行理解。对话录的创造目的是启发读者思考,而不是灌输教条。

柏拉图认为,现实世界之中并没有绝对的美德,像公平、谦让、美等。例如,答应别人就要做到,是一种美德,但是如果你答应朋友帮他去干一件坏事,那么这就不算是说到做到的美德。总之,人们用感官体验到的一切美德和品质都是相对的、不完美的。绝对的美德是独立于人之外的存在,只能用思维来理解。在这里可以看出,柏拉图所认为的美德进入了绝对的领域,也就是说存在一种绝对的空间领域范围,在这个范围里,美德将会是理想王国的最高形态存在,这也就表明拥有美德将会拒绝所有的缺点和不完美,所以美德是属于真善美的层面,所以世人不能够拥有,因为只要是人都会有一定的缺陷。在柏拉图眼里,一些作品作为"理念"被认为是一种纯粹的美德,这个"理念"便是包含着人世间一切美好的事物,如平等、仁慈、孝顺等。"理念"是没有形体和不可用感官感知的,它存在于另一个高级世界。另外,"理念"世界是真实而完美的存在(如乌托邦),现实世界只是人类感官对这个完美的世界不完美的折射。

"理念"世界在柏拉图眼里便是真实存在的,因为柏拉图提出的被感知之后的"理念"世界代表着现实世界,所以其实柏拉图本身还是没有将其与人分离开来,而是一种共生,也就是"理念"世界虽然是抽象的理想王国,但依然存在于世间,即存在,便是代表着"理念"世界是可以被人类感知到的。所以,柏拉图后来又认为,理念可以被人类的灵魂所了解。

灵魂和肉体深入人体本身,也就是现代意义哲学上认为的精神层面和物质层面,精神层面也就是灵魂在柏拉图眼里是不朽的,它仅仅短暂地存在于人这一生里,存在于物质的躯壳里,但仍然是属于理念世界的,所以人的灵与肉是生活在两个世界的,肉体生活在现实世界之中,

薪火相传：中国传统哲学及现代化简论

而灵魂依旧栖息于美好的理念王国。灵魂即使栖息于肉体之中，也依然向往着美好的理念王国。

由此，柏拉图发展出了二元论的概念，即不朽的灵魂与物质的身体。

通过苏格拉底和柏拉图的这种转变，哲学也就从爱智慧转变成了智者眼中的"哲学"。苏格拉底和柏拉图致力于追问"什么是存在者"，也就是说"哲学便是追问当存在者存在时，存在者是什么"。例如，世界是什么，水是什么，风从哪里来，等等。水是存在者，水在人类诞生以前便存在于这个世界，所以在智者的眼里，就是要去追问水是什么，用亚里士多德的话来解释，就是能够追问存在者的存在性，也就是存在者的根底在哪里，所以存在性也就是存在者的根底。在问存在者是什么的时候，也就是在问"存在者到底是什么"。

这样来看，当追问已经存在的事物的时候，古希腊哲学就已经像柏拉图所描述出来的理想世界一样，使世界和人变成了两个部分。这也就意味着人要通过追问，才可以了解事物的本质，这看似在追问世界的本来，其实同样也悄然无声地奠定了人的地位，也就是人通过不断地追问，所以主体就是人，而客体就是被追问的世界，通过追问世界的存在性，以求得其根底，进而了解这个世界。

在这里，笔者举个例子。就拿篮球是圆的来说，其存在性的根底便是苏格拉底所说的圆的理念，球是圆的，也就意味着球符合圆的理念。于是哲学从这时候起，便已经进入了一个理念的王国。

之后亚里士多德更是将其规定为"第一理由即原因"，也就是最高最终极的原因。

亚里士多德是柏拉图最优秀的学生，他与柏拉图一样具有广泛的爱好，是一个百科全书式的思想家，他最大的贡献是开创了以科学调查研究自然界的方法，并且建立了严密的逻辑论证系统，提出归纳和演绎的两种方法；他还首次运用了学科分类法，同时对生物学、医学、解剖

第一章 概 述

学、心理学等多个学科进行了深入的研究。

在亚里士多德的眼里,宇宙万物的生成有四种原因:形式、质料、动力和目的。在这四种原因之中,最根本的原因也就是第一原因或者第一推动者,便是出自理性,实际上也是不断追寻的代名词。他对于时间、空间、运动、变化等这些概念的理解是最有影响力的。

亚里士多德的思想虽然深受柏拉图的影响,但亚里士多德也说过:"吾爱吾师,吾更爱真理。"所以对于柏拉图的批判,亚里士多德也很是积极。他否认了柏拉图创建的"理念说",认为形式与物质是彼此分不开的,是同一生命的自然过程之中不同的两方面。他的自然哲学的出发点是他对生理学的研究,他把自然界和社会生活都看成有机的、发展的过程,是因为有存在于它们自身的一定的目的。例如,人类存在的自然目的就是要在城邦社会中生存,而城邦的存在就是为了能够满足人们在一起生活的需要,因为人们如果孤立地生活,那么生存便得不到满足。想要达到完美的境界,就需要在艺术中去寻找。

亚里士多德还认为理智应是作为一种平衡的形式而存在,相信人类的幸福不是简单地追求快乐,而是人自身潜力的完全实现。而且对于科学和哲学来说,亚里士多德认为科学和哲学本身不是孤立于现实生活之外的抽象主题,而是在生活的各个方面追求知识的原则。

也就是说会存在第一原因的哲学,在亚里士多德这里便存在。笔者认为虽然其对于柏拉图的"理性"有所批判,但还是继承了其本质的思想,即有一个纯粹批判的理性化的世界存在。在智者刨根问底追求着存在者的存在性的时候,他们便具有了这样一个核心的理论王国,也就是一个纯粹的世界,而且把人分为了灵与肉两个概念,这就远远超出那些自然哲学家所认为的世界,即人与自然本来是一个整体,人与世界和谐地生活在一起。

薪火相传：中国传统哲学及现代化简论

二、对于哲学的界定

从古希腊哲学开始，哲学家（不同于自然哲学家，如赫拉克利特）主要不再是"爱智慧"，而是逐渐把抽象的思维当作一种独立于人的个体而存在并且加以追问，就像是思辨的智者一样，通过不断地加以解释进而能够得出让人满意的概念。哲学从这时候开始进入了柏拉图的"理念"、亚里士多德的"第一原因"。这便是哲学理想的概念王国，在这个王国里面，哲学变成了一个抽象的、存在于人的精神世界的灵魂。西方现代的哲学家将其称为概念王国。

从柏拉图到黑格尔，尽管西方世界的发展是日新月异的，科学技术的进步也在不断地向前，但是哲学仍然在概念王国里面没有走出来，可以说其后的十几个世纪里，哲学家都生活在概念王国的国度里，渴望用自己的灵魂追求得到那个令人心驰神往的精神世界。

由上文我们可以了解到，哲学是什么的问题在西方哲学史上大约分为三个不同阶段的回答：第一个阶段便是古希腊自然哲学家赫拉克利特等人的回答"爱智慧"，即人与世界自然和谐相处于一体；第二个阶段便是古希腊哲学家苏格拉底、柏拉图等的回答：哲学是把存在当作独立于人以外的概念加以追求的学问。

对于哲学这三个阶段，看起来很简短，却是人类思想史上一次又一次的进步，也是人类不断地开拓精神荒原的历程。

三、第三个阶段：人生活在世界之中

人本来就是生活在现实之中的，当概念王国的壁垒被打破，那么哲学的思想应该从纯粹的理想王国回归到人的现实生活之中。也就是到了哲学的第三个阶段，需要人类再次将个人和世界融合为一体，以一种高远澄澈的态度生活在这个有功名欲望、有衣食住行需求的现实世界里。这种境界不是对于传统主客关系的舍弃，不是打破了理想王国以后便弃

第一章 概 述

之不用，恰恰相反，而是将主客关系包含在内，并且要人们更好地感受现实生活所带来的美好，不再生活在真空的抽象王国。

哲学是抽象的，但不应作为艺术品去展览，而应将其应用在现实的生活领域，也就是从过去历史上的哲学中去汲取营养，而后应用在现实的生活之中。现代科技迅速发展，人们的生活日新月异，科技和人的关系越来越密切。所以就现在的社会而言，我们更应把哲学的思考让社会大众都接受，这样就可以在日益浮躁的生活之中享受宁静的安逸。

这是哲学可以给社会大众所带来的收获，更重要的是教人们如何在现实生活之中，依靠希望的力量产生继续向前的动力，让人们不再为生活感到迷惘。

人们需要有一种境界，这种境界不是不需要知识和规律性，也不是要抛弃智慧，而是更加需要拥有广泛的知识并且要超越以往；不是不要功利追求，而是取得功名利禄之后还要超越功名利禄。总之，这种境界不是单纯地追求精神上的安宁，而是对人世间一切现实活动的高远态度。人生在世，总是要投身于社会，创造自我，用自己的力量创造一个属于自己的精神世界，但是这个过程确实是一个痛苦的过程，是一个充满矛盾和斗争的过程，所以现在的哲学应是教人养成经得起痛苦和磨炼的人生态度的学说。

交叉学科的不断深入，给哲学的启示是将哲学看作一个知识体系来对待，也就是说哲学不仅是一门学科，而且是一个涵盖各个学科子集的总的知识体系。如果将哲学看作用来讲述普遍的规律，那么它便成为一门科学。

一个人、一个群体、一个时代有什么样的人生态度或境界，就会有什么样的哲学。学习哲学从纯粹知识的学习，发展为将哲学融入人们的日常生活中，就要培养提高人生的境界，这样的哲学涵盖在日常学习的体系之中。学习者用自身不断学习哲学的力量，进而影响自己的日常生活，再将哲学的种子埋入心中，不断地学习与之相关的交叉学科知识体

薪火相传：中国传统哲学及现代化简论

系，不断地丰富和扩充自己，从而实现自身境界的提高。这样的哲学将人与世界和谐相处纳入其中。无论是现当代西方哲学家所提出的人与自然和谐相处，还是中国哲学所讲述的民胞物与，这些都将涵盖在人们的日常生活之中。

这里需要特别强调的是，人生的态度不是独立存在的，任何一种人生态度的形成都有其背后所形成的社会基础、个人成长的环境和吸收的知识。就个人而言，甚至可能也有其血型等生物因素的原因。

四、哲学的分类

上文讲到现当代哲学从将哲学看作一门知识，而转向将哲学看作一个知识体系，教人以提高其境界。为了更好地了解哲学，现在简单地讲述一下哲学是怎样进行分类的。古希腊晚期的斯多亚学派把哲学分为了逻辑学、物理学和伦理学。到了中世纪神学家托马斯·阿奎那只是按照亚里士多德的三类学科之一理论学科把哲学分为了物理学、数学和神学（形而上学）三部分。

到了17世纪，德国哲学家沃尔夫将哲学分为理论哲学和实践哲学：前者包括本体论、宇宙论、心理学和神学，这些都被称作形而上学；后者包括伦理学、政治学、经济学。逻辑学乃是一切学科的导论。

黑格尔将哲学体系分为三大类：第一类是逻辑学（与形而上学合流的逻辑学），第二类是自然哲学，第三类是精神哲学。

其实还有很多哲学家都对哲学进行了分类，他们对哲学有着不同的分类方式。

那么，按照现代比较流行的哲学分类方式，哲学内容大体上可以分为三部分。

第一部分是"本体论"。"本体"一词来自拉丁文。17世纪初，德国经院学家郭克兰纽第一次使用"本体论"这个词，并将其解释为"形而上学"的同义语。一般来说，在哲学史上，"本体论"就是指关于存

第一章　概　述

在本身。"本体论"在西方哲学史上包含两种用法：一种包含宇宙论，另一种则不包含宇宙论。沃尔夫最早提出了"宇宙论"。其大意是指关于宇宙的起源、结构、发生史和归宿等的研究。笔者认为，应当将宇宙论包含到对于哲学史的研究之中。还有就是关于存在之本性，从本体的性质上来看，有唯物论、唯心论、中立论等；从本体的数量上来看，有一元论、二元论、多元论。此外，关于宇宙的起源、生成的问题，也可以分成机械论或决定论和目的论。

第二部分是"知识论"或"认识论"。其实就是对于人类认知的来源、能力、范围、限度和真伪标准的研究。这个词是从希腊文得来的。从认识的来源来看，有理性主义、经验主义、批判主义；从认识能力上看，有独断论、怀疑论、实证论，或者直接将其分为可知论和不可知论两种；从知识的真伪标准来看，有反映论、融贯说、使用说等。

第三部分是"价值论"。这个词也是从希腊文得来。价值的原本含义是指商品的交换价值。在19—20世纪，在一些思想家的影响下，价值不仅用于经济领域，还用于关于伦理道德、美学甚至逻辑的现象，于是便形成了一种综合的专门学问，这个就被称作价值论。法国哲学家拉皮埃最早使用了这个词。

价值论实际上是对事物满足人的需要、兴趣和目的的意义的研究。西方哲学史上的各个流派对于价值学都有自己学派的理论研究和支持。按照蒙塔古的分类方式，价值论可分为伦理学和美学两个分支。

哲学的分类大概便是这样。中国的传统哲学或者说如果从中国古代典籍里面做考究的话，如上文所说，黄遵宪引入日本的词汇，中国才出现哲学这个词语。

在清王朝衰败被迫打开国门之前（也就是第一次鸦片战争之前），中国的哲学其实是天人合一、万物一体的思想占据主导地位，那种类似于西方主客关系的天人相分的方式并不占据主流位置。即使是像战国时期名家公孙龙强调抽象概念的那种类似于西方概念哲学的思想观点也是

薪火相传：中国传统哲学及现代化简论

相当少有的。从总体上看，如果认为中国传统哲学对于哲学是什么这个问题会有什么样的看法，那么这种回答与界定似乎可以说与古希腊早期的智慧之学和现代哲学的人与世界和谐相处也有一些共同之处。

近半个世纪以来，我国所宣传的哲学一般都是将哲学作为自然科学和社会科学的概念与总结，是关于自然、社会和思维的本质和最普遍规律的学问。比如，世界本质上是物质的、物质是运动的、联系是有规律的等这些人们和自然都要遵守的最普遍的规律性问题。

第二节　中国传统哲学

一、由万物一体到主客二分

明清时期，王夫之之前，中国传统哲学是长期以天人合一的关系，即人与世界的关系为主的。中国传统哲学到了清朝才开始有了主客二分的初步启蒙。

中国的万物一体（也可以称之为天人合一），可以分为以下三类型：第一类是儒家的有道德意义的"天"和人的合一。第二类是道家的无道德意义之"道"与人的合一。儒家的"天"的演化从孔孟开始，发展到宋明理学天人相通的哲学思想。第三类是汉朝董仲舒为了适应汉武帝时期的大一统的天人相类。天人相类是西汉董仲舒用语，指人化天而成，与天偶合。《春秋繁露·为人者天》中解释："人之（为）人本于天，天亦人之曾祖父也。此人之所以乃上类天也。"这成为其"天人感应"神学目的论的依据之一。

天人相通讲的是天和人可以进行沟通，此时的天仍然是儒家的道德之天。而天人相类则主要讲的是人是由天演化而来，或者说是受命于天。因为是由天所授命，所以带着神秘的气息。

第一章 概 述

再说天人合一，实际上是不分主客关系，也不讲思维与存在。按照张世英先生的划分，这是前"天人合一"时期。天人合一可以分为两个类型：一个是以朱熹为主的人受命于天，另一个是王阳明的人心就是天理。

从这里可以看出，中国传统哲学其实是不怎么讲主客关系、思维与存在的。也就是说，我国的传统哲学是缺少二分法的。正是因为缺少了二分法，所以我国的哲学重视理论，轻视实践。而西方哲学演化出的二分法是在对万事万物的追问中产生的。到了王夫之时期，该理论才有所涉及。尤其是到了鸦片战争以后，清朝国门被打开，一批有志的士大夫开始睁眼看世界，于是主客二分才开始被我国的传统哲学所吸收。

二、人伦道德转向自然认识

明清之前中国传统文化主要内容仍是天人合一、万物一体，所以此时的中国传统文化仍然按照不分主客、不分思维和存在的方式，虽然不可否认有一些思想家也有所提及，但主要的思想还是以天人合一为主。

儒家的天是道德之天，是义理之天，发展到了宋代理学，便成为以天来压人，这和当时宋朝的情况也是分不开的。讲人生问题的哲学被称作人生哲学，讲认识问题的哲学被称作认识论。在明清之前，我国的哲学史主要是关于人生问题的讨论，在讲要求做什么样的人，要从天的地位中学到和感受到什么，着重强调内心的自我修养。而到了明清之后，便转向了认识论。从睁眼看世界开始，再到学习外国的先进科学知识，学习国外的先进政治体系，逐渐推翻了皇权，推翻了中国传统哲学的最高的"天"。在这样一个内忧外患的大环境下，中国哲学渐渐转向了认识论，注意到了人自身的觉醒以及人对于自然和科学的认识。

发展科学和认识自然成为明清之后的主要目标，当明清之后的中国人以这个目标开始学习，那么便进入了主客二分的阶段和主体性原则。例如，最能代表主体原则的便是洋务运动的为我所用。明清之前，因为

薪火相传：中国传统哲学及现代化简论

没有着重发展主客二分的地位，所以我国科学技术的发展虽然领先于世界，但是仍然不被重视；鸦片战争以后，科学技术落后的清朝遭受了西方列强的攻击，被迫打开了明清封闭已久的国门，沉痛的教训让先进的知识分子开始寻求救国之路，这时候主客二分的关系和主体性原则这一哲学要义出现在了国人的面前。

可以说，清王朝究其根本，是为了维护自身的统治，但是睁眼看世界的人们却是在西方的知识洗礼下和对中国现状的悲切心情中进行探索的。笔者认为后者比前者重要，后者是主要的驱动因素，所以这些长期接受义理之天的士大夫开始学习西方知识，认识到了主客二分和主体性，便开始了哲学的下一阶段的发展。

如果说明清之前的中国哲学是一部长期以研究人与人之间的纷争与协调为主的思想史，那么，明清之后，特别是鸦片战争之后，中国哲学开始引入主客二分和主体性原则，开始重视科学发展和对于自然的认识。

三、以"天"压人到反对天理

先秦诸子百家学说蓬勃发展，各家学说精彩纷呈，但是真正占据中国统治者长期思想地位的仍然是以孔子学说为主的儒家思想。也就是说，儒学的道德之天在我国哲学思想中长期占据主导地位。笔者是这样认为的，西方从古希腊哲学之后，到了智者学派，柏拉图的"理性"王国建立起来以后，西方的哲学便在"理性"纯粹的王国里不断去探索主客二分，而中国传统哲学却是长久以来一直在义理之天的覆盖下，不断地加强道德（同义理）对人的束缚和影响。

从先秦诸子百家开始，孔子虽然少言"天命"，但也依旧对于神秘之天充满了崇拜。孟子的"天"，主要指的是义理之天，孟子以"天"来压人，是这一思想在中国长期占据主导地位的开始。

到了汉代便是董仲舒的独尊儒术、天人相类的观点，更是将封建的

第一章 概 述

伦理纲常抬高到了神秘的地位，以此来统治人民。

纵然魏晋玄学是一股"清流"，言玄说道，但是其主流仍然是名教。名教是以"正名分"为中心的封建礼教，是旧时为维护和加强封建统治而对人们的思想行为设置的一整套规范。

隋唐时期，佛道流行，韩愈以新儒学为复兴主旨，始终站在"天命论"的立场之上。刘禹锡也同样认为"人理"高于"天理"。

宋明时期的道学是以朱熹为代表的理学派，还有以王阳明为代表的心学派，都是以封建道德来压制人心。

明清之际出现了一大批哲学家和先进的知识分子，他们反对宋明道学的"天理"和"人欲"。王夫之认为宋明理学使"天理"和"人欲"站到了绝对的对立面是相当不恰当的，戴震更是认为人若是因为理学而死比受到法律要求而亡更加残酷。

西方长期受到教会的思想统治和中国长期受到理学的思想束缚相通，如果西方反对神学，那么中国便要反对理学。

到了中国的近现代时期，五四运动对于人权和思想解放的要求，促使民主与科学的口号不断深入人心。五四运动两大口号的提出，是对明清之后中国近代哲学史的一次发展，它使中国哲学转向了主客二分的学问和地位，从而重视科学的认识和对于自然的探索主客二分和对于人的主体性的认识，为中国哲学的转向开辟了广阔的前景。

第三节 中国传统哲学产生的理论基础

想要了解中国传统哲学，必须对中国古代文明进行了解，这样便可以更加清楚地认识中国传统哲学产生的土壤，也就是哲学的政治、经济社会基础。中华文明孕育了中国传统哲学，因此中国传统哲学的理论基础要从中华文明之中去探究。

薪火相传：中国传统哲学及现代化简论

一、中华文明的产生

中华文明诞生于东亚大陆之上，中国地域辽阔，气候复杂多样，自东向西有海洋、平原、高山、盆地等地貌，可见其疆域之广大。

中国的四周有很多自然屏障，这就使中国在地理位置上被世界其他区域所阻断：北有无边无尽的荒漠戈壁，干燥而寒冷，不适合人们生活和从事生产活动；到了西部、西南地区是高山大岭，拥有青藏高原的"世界屋脊"；东部及东南部则是一望无际的太平洋。这一独特的地理位置，使古代的中国人形成了特有的"天圆地方""四维八极"的朴素世界观。

"天圆地方"不是地平说，而是中国古代的一种哲学思想，是阴阳学说的一种体现。天与圆象征着运动，地与方象征着静止，两者的结合则是阴阳平衡、动静互补。"天圆地方"的设计理念，在中国古代的建筑、货币等方面均有表现，如天坛与地坛、四合院、方孔圆钱等"天圆地方"的图案与结构。

"四维八极"是指中国的地理文化观念，《管子·牧民》："国有四维，一维绝则倾，二维绝则危，三维绝则覆，四维绝则灭。倾可正也，危可安也，覆可起也，灭不可复错也。何谓四维？一曰礼，二曰义，三曰廉，四曰耻。"而八极则是指八方极远之地。八方，指东、西、南、北、东南、西南、西北、东北八个方向。

同时，古代中国文明与世界其他文明一样，都是受生物因素和地理环境影响的。

中国所在的东亚，也是地球上最大的内陆季风气候地带：一年之中，春夏秋冬，四季分明，春季温润和煦，夏季湿热多雨，秋季秋高气爽，冬季寒冷干燥。我国的降雨也是相当的不均衡。我国的母亲河长江、黄河在受到季风气候影响之后，冬季由于缺少降雨，长江、黄河上游常常干旱，到了夏季却是洪水暴涨，威胁到了中下游两岸的人民生

第一章 概 述

活。旱涝在不同地方也会同时发生,这两种灾害长年不断,这也造就了我国原始居民艰苦朴素的性格。在长期与自然的对抗之中,他们深刻认识到了气候灾害的影响,从而更加突出对于环境和气候的关注,也就是对于天的敬畏,由此产生了原始的宗教思想。

"大一统"首先便是"大"。广大的地理区域,无数的大江大河、大山大岭,大片的平原和盆地,尤其是广袤的平原,这些自然条件使形成一个巨大的社会共同体成为可能,而大农业也为此提供了经济基础。从世界整体的范围来看,农业文化也是分大小型的。像古代埃及、古巴比伦等国家都属于小型农业,这些国家的内部发展常常会因为其自身的地理位置而出现人口和土地的矛盾,多为人口过剩、土地面积较小而造成的,并且它们常常遭受外族的入侵,所以这些小农业国家就会很快地灭亡。

只有中国成了古代唯一的大型农业国,并且其文化的发展也抵御了少数民族游牧文化的入侵,尽管在冷兵器时代,游牧民族的战斗力是普遍要高于农耕文明国家的。所以,中国文明能够一直持续几千年而不衰,正是因为其得天独厚的地理因素。直到热兵器时代的来临,新的科学技术促进了武器生产装备的产生,此时游牧民族在冷兵器时代的强悍战斗力才失去优势地位。

其次便是"一统"。我国自周朝便开始了国家统治者对于土地的划分,"溥天之下,莫非王土"便是统治者政权集中的表现。这就说明,我国的土地由国家统一掌握要比同时代其他国家要早很多。到了春秋时期,兼并战争时有发生,孔子把春秋战争总结为"春秋无义战"。到了战国时期,从七雄之间的纵横联合到最后的秦齐对峙,最终秦王一扫六合,天下一统,更是作出了杰出的贡献。

秦朝时期不但实现了中华民族的统一,而且修筑长城,抵御少数民族的入侵,还兴修水利,防范灾害,这一时期的水利科学技术发展迅速。与欧洲进行比较,中国周秦之间的宗法制和土地封建制度有着我国自身的特色。中国秦汉时期的大一统，与当时的欧洲国家相比较早了千余年。

由地理场域的统一再到社会、政治、经济和文化，以至于全国的度量衡，从大到小、自上而下、由表及里的方方面面都实现了统一。在中国的历史上，也正是因为大一统才为华夏文明的传播奠定了扎实的基础。

到了16—18世纪，西方国家随着工业革命的不断发展，资本主义兴起。中国虽然在之后数百年的时间里也被迫打开了国门，遭受了文化入侵，但是由于自身资源的丰富，我国的茶叶、瓷器、丝织品、香料一直在进出口贸易中占据优势地位，这些都和在大一统的情况下，统治者的集中管理和土地商业化的明确划分有着不小的关系。

在"大一统"的基础上，我国的政治制度便较早地确定了皇权专制和中央集权制度。以农耕立国的中华文明造成了历史自然演进的惯性、思想的惰性和发达的皇权官僚政治的顽固性，也就造成之后在西方商业资本主义入侵的时候，中华文明变得举步维艰。此外，我国的"大一统"也对中华文明的延续和发展都产生了巨大的影响。

中华文明在"大一统"的基础之上也是包容而又变通的。《易经》里提到过"天下同归而殊途，一致而百虑"。孔子也说过"君子和而不同，小人同而不和"。长久以来，中华文明已经形成了将儒学奉为正统的思想观念。儒学是中华文明的象征，也是华夏文明的代表。中华文明当然也不仅有一个儒家文化，还有道、法、兵、阴阳、农等多家，以及之后从外部传来的各种宗门和教派，如佛教、伊斯兰教、基督教等。

以最具代表性的儒家文化来说，儒家的文化随着朝代的演进而不断地发展，以至于到了后来便不仅是孔学所提倡的，而是在吸收了许多不同文化之后所形成的。于是便有了在《礼记·中庸》中的："仲尼祖述尧舜，宪章文武，上律天时，下袭水土。辟如天地之无不持载，无不覆帱，辟如四时之错行，如日月之代明。万物并育而不相害，道并行而不

第一章 概 述

相悖,小德川流,大德敦化,此天地之所以为大也。"

原文大意便是孔子继承尧舜的传统,以文王、武王为典范,上遵循天时运行的规律,下符合水土地理的环境。就像天地那样没有什么不能承载,没有什么不能覆盖。又好像四季的交错运行,日月交替光明。万物一起生长而互不妨害,遵循各自的规律而互不冲突。小的德行如河水一样川流不息,大的德行使万物敦厚淳朴。这就是天地的伟大之处啊!

这是中华文明(也可以称之为华夏文明)本身所具有的自信心以及海纳百川的大气魄。此外,中华文明同样也讲究"变通"。"包容"和"变通"使我国遭受诸多灾难而不倒,即便是在遭受军国主义入侵的时候,中华儿女也可以坚强地挺直腰身,以铮铮铁骨去和军国主义做顽强的斗争。

当然,笔者在这里也需要强调,中华文明的包容和变通也同样是有限度的。两千年间,中华文明因为"心学"而自成一家,从哲学的本体论来讲,想让我国的哲学本体挣脱"唯心论"的研究也是相当艰难的。中国传统哲学不像西方那样对于物质有过多的追求,这就造成了在清朝时期,面对鸦片战争之后西方的一系列入侵,清政府虽然走上了艰难的变革之路,在器物层面的学习可以说是相对顺利的,但是一旦涉及体制的改革,就会变得异常艰难。因为体制改革就必然触动根深蒂固的思想观念。这也就反映了包容和变通所具有的局限性。

保守或者称之为因循守旧也是中华文明的另一个因素。上千年的农耕文化早已形成了农民被土地所束缚,依靠土地去生存的方式;家庭手工业的生产方式也对中国实行现代化的改革产生了相当大的阻力。王朝之间的倒下和新立,使人们难以产生"进步""进化"的观念,从而导致了思想观念上的保守。中国传统文化中有着好常恶变(喜欢遵循常规,讨厌改变)、安土重迁(安于本乡本土,不愿轻易迁移),并且常常怀念古代的盛世,盲目坚信祖宗家法。"保守"能够维护稳定的思想,在吸收外来文化时不至于被外来文化思想带偏,因此,保守和包容也不是完全矛盾的，并且还因为"大一统"的思想文化而得到全面的加强。

同时，一味地向历史看，也就是说古代的中华文化有着因循守旧的思想，导致形成了思想上的束缚，不利于文化的变通，造成了反对革故鼎新的定式思维。

因循守旧是农耕文明的共同特点。游牧和商业起源于内生动力（农业）而需要向外寻求发展，因此这就让商业和游牧成了流动的动态过程和进取的文化。但是农耕社会可以自己产生动力，是自给自足的，并且不需要与外界进行必需品的交换，所以是相对静态的过程，因而形成了保守的思想。

而文化偏向于自身，这就属于精神层面。文明是由文化产出的，而文化只能是由内部精神累积而形成的。这些观点本身就恰恰证明了，传统中国的农耕文明培育出了根深蒂固的唯"心"主义、文化本位主义等保守观念。这种文化保守主义影响既深厚又远大。

像清朝在洋务运动时期就强调中学为体、西学为用，或者不得不要求托古改制。文化保守主义对于整个未来中国和整个东亚文明的发展会继续产生影响。

中华传统文化之中的其他要素还是有很多，如"内圣外王"（内备圣人之至德，施之于外，则为王者之政）、"刚柔并济"（刚强的和柔和的互相配合）、家族本位、道德本位等，因为我国的传统因素涉及众多，此处便不再一一举例。

此外，中华文明所包含的成就取向、对教育的重视、科举考官制度以及由科举制度、土地买卖、经商致富所带来的社会等级间的流动，也是常常和她的世俗化倾向、中央集权下的官僚（科层）制度等，都被视为前现代中国传统文明中的"实践理性"或者"现代性"因素。

二、大变革的前奏

19世纪之前，中国的疆域和传统的政治制度，以及以中国作为中

第一章 概 述

心的朝贡体制下的东亚经济贸易共同体，以当时的社会发展水平来说，都发展到了极致。

"康乾盛世"时社会经济有长足的发展，但是由于清政府的闭关锁国和极端专制，特别是对于思想文化的专制，以及从明朝开始便不再去睁眼看世界，从而导致那时的清朝政府对于正在兴起的西方世界的无知，让中国错失了时代的发展机遇，由此，当时的中国在看似繁华的盛世之下隐藏并且酝酿着严重的内外危机，最为明显的衰败是政治和社会经济领域的崩塌，军队军纪腐败。其实到了鸦片战争时期，英军的单兵装备还是前装燧发滑膛枪，反观清军方面，清军的武器当时尽管还没有彻底从冷兵器转变为火器，但是也大量配备了鸟枪和抬枪，其中鸟枪属于滑膛枪，虽然射击距离比英军枪械稍短但是并没有相差太多，清军抬枪的射击速度则远远超过了英军。

从以上分析便可以看出来，此时双方的武器装备还是差距不大，所以如果单从武器层面来说，似乎鸦片战争失败的原因还有待商榷，要找出更深层的原因。

18世纪后期，清朝从极盛迅速走向了衰败。军队和官僚都严重地被腐化，漕运、河工、盐税三大政策都是极其腐败的。社会矛盾、民族矛盾激化，边疆和内地民变蜂起。与此同时，以1793年马戛尔尼使团访华事件作为标志，西方的坚船利炮和廉价商品大规模东侵的威胁也就不可阻挡。

马戛尔尼在拜访乾隆朝时，带来了当时英国先进的军事技术和火枪，希望逐一展示，向清朝展现英国强大的军事实力。但是很可惜的是，和珅手下的接待将军拒绝了这个提议。笔者并不知道如果将军看见了英国的武器装备会不会有所震撼，并且会提早展开清王朝军事技术的改革。但是，历史并不能够以假设推算和演示。因为无论发生什么样的变革，唯一可以确定的一点便是，当时的清王朝所有人依旧沉浸在天朝上国的美梦之中，而近半个世纪后，英国便对清王朝发动了鸦片战争。

薪火相传：中国传统哲学及现代化简论

面对这前所未有的大变局，有识之士开始了睁眼看世界，并且冲破障碍，发动了政治、思想、军事方向的变革，也就是在这一次又一次的变革之中，中华文明再一次表现出了其强大的生命力。

变革首先便从儒学的"经世致用"的理念开始。这也是儒学的知识分子固有的安身立命的准则，也就是从他们自古以来便有的修身、齐家、治国、平天下的高尚情操展开。鸦片战争后，中华民族面临深重的危机，士大夫开始学习国外的科学技术，而后便提出"师夷长技以制夷"的口号，自强派也就从此刻登上了历史的舞台。

此后，大变革在正统的儒学意识形态和既有的政治体制框架内展开。自强派（也称洋务派）打着自强的旗号，遵循的就是"天行健，君子以自强不息"的口号。

今天再回过头来看洋务运动，虽然洋务运动存在诸多的问题（包含政治、经济、文化等诸要素），但是其持续的时间最长，也就是说，洋务运动是中国文明史上一个重要的改革阶段，同时是中国哲学史上一个重要的阶段。

从世界文明史的大潮来看，洋务运动顺应了世界文明前进的大潮，并且此次运动也是由引进西方最先进的科学技术而展开，为中国向现代化工业文明发展迈出了一步。

首先，从文明传播的规律来看，洋务运动为了维护清王朝统治，引进了先进的兵器，也可以说从鸦片战争中洋务派吸取了清王朝的器物无法与外国侵略者相提并论的教训。

其次，从文化的角度来看，火枪军事技术属于器物层面，所以对于整个清王朝的旧文化阻挠来说，抗争力度最小，也就是最符合文明的抗阻力规律。洋务运动打着自强求富的口号，引进了先进的兵器制造技术。例如，1861年曾国藩在安庆设立内军械所，1865年李鸿章创办了江南制造总局，1866年左宗棠创办了福建船政局，1867年崇厚创办了天津机器局，等等。而这又必须引进机器大生产。可以说，19世纪的

第一章 概　述

现代工业文明的物质基础是以蒸汽机、电力技术为代表的先进生产力。所以"求富"活动必然会导致辅助机器生产的官营企业和民营企业的建立。

正如马克思所深刻指出的："只要你把机器应用于一个有煤有铁的国家的交通上,你就无法阻止这个国家制造机器。"当中国被器物打开了一个缺口,那么军事器物层面的事件便会必然引发另一个事件。洋务运动既然引进和发展了当时先进的科学技术,也就标志着中国也迈进了世界文明的大潮之中,于是同世界各国交往并且制造进行交往的工具——火炮、铁路、轮船、通信工具等都将是必然趋势。

所以必须承认的是,中国历经三十多年的洋务运动确实奠定了现代化工业文明系统的初步基础,洋务运动同中国原有的物质文明系统必然形成矛盾和斗争。很明显的是,新型的物质文明系统(即使是雏形)的文化影响绝不可能局限于器物层面——物态文化,必然会向着制度文化层面、意识文化层面推进。

此后,清朝进行了维新运动,从器物到制度的变革由此拉开了序幕。

三、从衰败走向革命

清王朝"中央军"的腐败,促进了中国地方军事势力的兴起。作为"中央军"核心战斗力的八旗子弟战斗力直线下降,有的人甚至在骑马时从马上掉下来。这和清初时期的战斗力相比,差了一大截,甚至可以说其连基本作战能力也丧失了。

面对当时此起彼伏的农民起义,清政府也就只好允许地方势力,即中国中层阶级的中小地主和乡绅形成的势力集团培养士兵。到了太平天国运动时期,清王朝更是允许各省的在籍官僚培养自己的"团练",这原本就是清王朝用地方势力去遏制武装斗争,但是这也促进了各地方官员纷纷培养自己的军队。例如,曾国藩的湘军几乎成了自己的军队势

· 027 ·

薪火相传：中国传统哲学及现代化简论

力，从士兵到军官几乎用的都是自己的人。所以到了洋务运动时期，各地方大官员为了能够帮助自己的军队更好地加强军事实力，纷纷建厂进而武装自己的军队。到了庚子之变（义和团兴起，清政府对外国势力宣战，八国联军侵华），地方省市官员，如李鸿章、曾国藩等便仰仗之前建设的军事实力，敢于公开和西太后叫板，并且宣布"东南互保"。这样来看，中国地方军阀割据、四分五裂的局面已然形成，只剩下清王朝最后一层薄薄的帷幕了。

辛亥革命之后，各省纷纷"独立"，孙中山创建共和与袁世凯的集权统治尝试都没有获得成功。此后北洋军阀战乱，南京政府的统治形成，这些都是地方专制，甚至比清政府更加蛮横。本来应在清政府崩溃之后便出现的统一的现代化多民族国家，却迟迟无法建立起来，更不要说强国富民了。

长期的分裂割据和频繁的民族危机，未能阻碍中国政治制度和政治文化从专制走向民主。中国传统政治文化中有"民本"一说，但是没有"民主"这一思想主张。"民主"在现代词典里的解释是指人民所享有的参与国家事务和社会事务管理或对国事自由发表意见的权利。

现代文明的一种普遍性原则便是"民主"，它是从西方输入的。中国人在接受和传播"民主"之初，也是将它与"君主"联系在一起的，视其为"君民共主"。洋务运动失败以后，维新运动也就拉开了帷幕（参见上文的文明引发律）。维新思潮的兴起，其中就有洋务运动在前期所做的铺垫。

维新运动兴起的同时，孙中山先生创立了"兴中会"，旨在推翻清王朝的统治，建立美国式的"共和制度"，希望结束清王朝灭亡后留下的军阀混战的格局。于是，兴中会在这个时期也曾经和主张君主立宪的维新派洽谈合作。到了1905年，同盟会才开始确立民主共和的观念。到了清末立宪，最激进的改革主张也仅限于要求实现政治上的开明君主制。宪政改革的最大成果是各省建立谘议局和中央资政院，但这些都不属于立法机构而仅仅有建言献策的权利，这就表明民主这一要求仍然是不充分的。到了 1908 年，立宪派提出了要求开启国会的请求，其主要目的是挽救危局并防止革命，但是他们遭到了清廷的严厉镇压。

四、新时代的来临

从哲学史来看，这一阶段的经历似乎是从内忧外患之中让中国的有识之士不断地睁眼看世界。1912 年 2 月 12 日宣统皇帝宣布退位，自辛亥革命爆发至清帝退位不过短短四个月的时间。革命派、地方乡绅组成的谘议局，以及以袁世凯为代表的北洋军阀势力共同促进了清王朝的灭亡。与革命派相比较的话，后面两股力量相对来说比较弱小。

这也就意味着，辛亥革命以后的国家重组，要面临怎样进行民主政治的改革和如何治理这个国家的内忧外患等问题。所以民主革命需要重新启蒙、重新发动，于是便有了《新青年》和"新文化运动"。

1915 年，陈独秀为自己主编的《青年杂志》所写的发刊词《敬告青年》中明确提出社会的改造应当置于国民尤其是青年的观念更新的基础之上，这表明青年应该具有新人格、新价值观，包括民主、自由、科学、平等等现代观念。新文化运动中的启蒙思想仰慕民主、科学、理性，提倡自由、人本主义，也就是说为此要"重新评估一切的价值"，还要进行深层的文化结构根本改造，从而不仅仅在提出器物和制度层面的变革之后进行了深度思考，还提出全部文明与文化都必须实现现代化。

但是中国的启蒙运动在夹缝之中艰难前进，两次鸦片战争不仅暴露出了工业革命以后的西方社会"现代性"的野蛮性，还暴露了工业革命以后西方社会潜藏在现代化文明中的野蛮性，同时暴露了"自由贸易"乃至于整个现代化国际条约体系的民族利己主义、社会达尔文主义的本性。

第一次世界大战期间，西方列强进一步展现了现代工业文明的阴暗

薪火相传：中国传统哲学及现代化简论

面。于是，严复提出要学习西方还要回归于孔孟。第一次世界大战结束之后，中国的民族危机再一次凸显出来，较之前更加严重。救亡运动迫在眉睫，仁人志士发出民主启蒙的呼喊声，伴随日益加深的民族危机，拯救中华的口号响彻华夏大地。由于此时的中国在军阀的统治之下，社会各界对于国家要怎么建设认识不一，于是便形成了激进与保守、自由主义与国家主义、资本主义与社会主义等对立的思潮。中国的内忧和外患也在不断的加深，社会和政治进一步的衰败，边缘化和下层社会的革命化也在同步的发展。

笔者认为，到了1923年，中国政制并没有得到发展和进化，但是国民的自觉政治意识和民主精神变得日益鲜明起来，并且在不断地扩大，而旧的势力不过是旧时代的游魂。所以，即使在这一阶段中国出现了相当混乱的局面，但在不远的未来，中国人仍然会承担起促进世界文明的重大责任。

这样看来，中国的哲学发展到了近现代时期不可谓不艰难，因为从中华文明的传统再到近现代中国被迫卷入世界浪潮，中国的哲学家在不断地与外界的文明进行沟通，但是中国本身根深蒂固的封建专制主义的中央集权制，使中国的统治者在明清时期始终压制着中国知识分子的先进思想。从另一方面来说，近现代时期中国哲学的发展在艰难的环境之中不断地缓步向前。中国哲学思想在早期可以说是比较先进的，在宋朝之前，中国在军事实力和政治实力等方面都要远远领先于其他世界各国。但是到了清朝之后，中国因为其大一统的局面难以维系，在多个势力如清王朝势力、民主势力、外国势力等的多方干预下，中国的哲学在初步认识到主客二分、认识到个人的主体性重要原则之后，便因为民族矛盾和内忧外患的国情而陷入了短暂的停滞。

其实哲学本身是属于文化思想层面的，正所谓一方水土养一方人，有什么样的文学革命便会有什么样的文学态度，有什么样的地理位置等必备的因素就会产生什么样的哲学思想，所以中国的哲学是在长期的天人合一思想观念之中发展的，这和中国的基本国情是密不可分的，但是到了主客二分和主体性原则确立以后，中国人在内忧外患之中苦苦地寻找和探索改革的新出路，此时的中国哲学便融合了民主的思想，使国民对于自身的主体性（去除奴性）有了更深刻的认识。

综上所述，通过中国的历史社会发展脉络的探讨和研究，有助于我们了解中国传统哲学的思想背景，使我们可以更加清楚地认识中国哲学是在什么样的现实环境土壤之上发展起来的。

第四节　东西方思维方式的差异

东西方思维的差异主要集中于"天人合一"和"主客二分"。在这里笔者先介绍一下"天人合一"和"主客二分"的观念，再由此融入中西哲学史讲述二者的不同。

一、两种结构

在中西哲学史上，关于人与世界万物的关系的看法，粗略地讲，占主导地位的有两种。一种是把世界万物都看成与人处于彼此外在的关系之中，并且要能够以我为主体，以他人他物为客体；另一种是主体凭着思维之中认识到的客体的本质和客体的规律性进而达到征服客体的目的，让客体为我所用。例如，主体认识到了钢笔是如何应用的，钢笔一管墨使用的时间有多长，其目的是能够书写，便以此书写为目的，为自身所用。这样便实现了主客体的统一，也就是所谓的主客二分。

主客二分有三个特征。第一个特征是外在性。也就是说，人和世界万物是两个部分，并没有将其看作一个整体。第二个特征是以人类为中心。这就好比一个参照物时时刻刻都是以个人为主进行参照坐标的转移，而世界万物也不过是为了人类这一中心所应用。这个特征也可以称

薪火相传：中国传统哲学及现代化简论

之为对象性。第三个特征是认识桥梁性，也就是说，要通过认识为彼此外在的主体与客体之间搭建起一座桥梁。从这里便可以看出，主客关系或者主客二分并非仅仅是讲主客的分离、对立，也就是说，并非完全当作两个不相关的部分来看待，而是将其看成在本质的基础上依靠外在的关系而搭建起来的桥梁，进而便实现了统一。

大家在讲哲学原理的时候，一般都是依靠主客关系来讲二者对立的。

天人合一主要是古希腊的自然哲学家和中国传统哲学之中长期存在的观念。这种观念把人与万事万物的关系看作一体。打一个比方，在黑格尔看来人体是世界万物的肉体，而人的灵魂是通向思维的世界，也就是另一个精神世界。在这里，笔者用灵魂和肉体来描述这样一层关系，也就是说，万事万物是人类的肉体，也就是物质的，而将人类看作指挥万事万物的灵魂。从这方面来看，天人合一将人和万事万物看成一个整体，用心学大儒王阳明的观点来说，便是以人心这一点灵明，作为万事万物的展示口。

其大致也分为三点。第一点是内在性。人与世界万物的关系是内在的，人寓于世界万事万物的统一体之中，也就是说，人将作为世界的灵明，为其进行了展示。在中国这也被称作天人合一（笔者在这里强调，这里的天并非道德之天，而是取宇宙论中的天来理解）。

第二点是不分对象性。这一点区别于主客的对象性。既然人和万事万物作为一个整体，那么自然是人和万事万物不可分割，你中有我，我中有你，这样来看，就不存在以征服为目的的对象，因为你不可能去征服你的身体，你只能爱护你的身体，或者说，不会存在以人类为中心这一观点。因为人的身体每一部分都很重要，都发挥着关键的作用。所以从这一点来看，人和世界的非对象性似乎和黄老之学（汉代时期的道家）颇有一些相似，将万事万物看作自己的身体一样爱护。

第三点是人与天地万事万物要能够做到相融相通。此处最重要的

· 032 ·

是感悟和理解，颇有儒家的"内心感悟"的意味。也就是说，我们人类自身不但要对万事万物能够做到认识，还应多一些理解和感悟，这里的感悟并非在面对着冰冷的石头时强行去分析其物质元素，而是着重于想象，想象便将石头赋予了一层美学的意味。当人看见了石头，便在脑海之中想象到了古代的石斧、用石头雕刻的石雕像。石雕匠根据石头的流线、走势、材质，为石头选择了一个最能将其美呈现的方案，并将石头之美展示在了人们的面前。从这个角度来说，石雕匠在雕刻石头的过程之中，便和石头融为一体，古代的顽石点头便可以这样理解（古代的道生法师认为万事万物皆有佛性，即便是对石头讲话，也可以身有佛性）。

其实，世界是人与万物相通相融的现实生活的整体。这不同于主客二分关系中要搭建桥梁才能够建立起认识的关联和将两个外在部分当作一个整体，而是能够将客体当作对象来把握其整体性，用哈贝马斯的话来说，便是"认识或理论的对象化能够把握其整体性"，前者可以被称作"具体生活的非对象性的整体"。

我们不能将两者混为一谈，因为这就将主客关系的统一认为是中国的天人合一论或者西方现当代一些哲学家所认为的超主客关系。

二、天人合一和主客二分的关系

对于"天人合一"与"主客二分"的关系，正如上文所说，两者有一定的区分。其实，我们自我意识的根基是拥有这样一个不会改变的事实，如果没有世界上的万事万物，那么就不会有这样一种意识；如果没有这样的意识，便不会认为是我们所存在的世界。正是由于人和世界的万事万物在这样的关系之中才能够产生意识，这也是每个人的具象性的生活，并非一种抽象性的理论。

人们在生活的抽象实践之中存在一种被称为经验的东西，现实的生活世界存在压力和反压力，这可以通过将其倒置来探索生活之中的事物

薪火相传：中国传统哲学及现代化简论

是怎样扩张的。另一种是人们生活在世界之中的，紧紧将我们所包围的称之为生命力。此生命力由在苦和乐、恐惧和希望之间，在生活层层重担之下，以及接触生活之后所产生的忧伤来说明。当然，人们所接触的世界，也就是生活，除了会给我们带来苦涩外，还可以依靠自己的努力和接受上天恩赐礼物的欢愉。

所以，每个人并非处于生活之外的观众，如在舞台剧下观赏他人喜怒哀乐的观众，而是置身于这个生活（世界）大舞台上的演员，用自我来出演，表现着自己一生的喜怒哀乐，从而可以这样认定，每个人其实纠缠在生活的作用和反作用之中。

人不是站在世界之外，如看客一样观看着生活，而是作为生活的参与者积极参与生活之中，其实也就包含着个人的态度问题，即以什么样的态度去面对生活。所以笔者在这里再一次强调，人们其实从生下来开始，便已经进入与生活的"纠缠"之中，这种"纠缠"，诚如上文所言，是具有作用和反作用的。

所以将人的生活看作人与世界万物和谐相处，人本身就寓于世界之中的观点，并非主客二分的看法。正因此，每个人实际的生活远远比古希腊智者学派所开创的主客二分更为原始和根本。

一切沉思、严肃的探索和思维都源于这样的生活，万事万物本来便是一个整体的世界。

其实关于上述的主客二分和天人合一的关系，还可以这样去看待：人本身便是在世界之中所存在。这句话里面需要着重理解的便是"在世界之中"的"在之中"。"在之中"其实有两种含义和认识，因此也就产生了两种不同的理解。

第一种理解是其中一种在另一个"之中"。例如，墨水在钢笔"之中"，商店在城市圈"之中"，居民楼在小区"之中"。按照这种含义之下的"之中"来理解人与万事万物的关系就是，人是一个现成的部分，在另一个部分（世界）"之中"存在。这两者的关系其实是表示两个平等并且现成的东西彼此外在的联系。

即便将人作为以肉体为根基的精神物，如果将其看作两个平等个体之间的关系，那么在这样的"之中"关系中，人似乎本身是独立于这个世界的，这个世界似乎也是刚好在人生下来以后所遇见的世界，这样来看，人和世界便是两个独立且平等的个体。

自古希腊时期的智者学派开始，在这样的"之中"关系中，客体是现成的为人所认识的对象（对象性、主体性），主体是一个现成的认识者，两者便是彼此外在的联系。这样去看待人与世界的关系，必然会产生这样一个问题：主体是怎样从本身的自我之中进入一个外在且平等的客体的呢？

第二种理解是人与万事万物本身就是一个整体，也就是海德格尔所言的"此在和世界"的关系。这种含义下的"在之中"并非一个主体在另一个客体之中，而是说人本身就与万事万物融为一体，万事万物是因为人的"在此"而对人展示和揭露自己。人在世界之中生活，首先要做的第一件事便是同万事万物相遇，产生交集，还要对这个世界有所作为，但并不是说人首先要认识万事万物，而是万事万物首先要能够与人打交道，且将自身展示出来。

万事万物在被人所认识时，其实已经和人共同生活在同一个整体之中，早早地便与人融为一个整体。世界的万事万物与人产生交集并非像主客关系一样是两个部分，而是不可分的一个整体。世界仅仅是人活动于其中的世界。

所以，每一个人其实本身都是融于这个世界、交集于这个世界、生活于这个世界的。这样的"在之中"，才是人最本来、最为原始的特征。就像前文所说的，人是万事万物的展示口，因为人的这一点"灵明"，便会让万事万物通过其展示出来，从这里便可以看出，人的思维，也就是哲学上所讲的认识，应是从第二种"在灵明……之中"的关系上延伸出来的。为了使世界万物被当作现成的东西认识，人必须做的第一件事

薪火相传：中国传统哲学及现代化简论

就是和这个世界有交集，然后才能从现实的世界之中抽身出来，在自身的实践之后重新认识这个世界。所以，人如果想要认识世界上的万事万物，那么首先要做的便是从一开始就与这个世界上的万事万物融为一个整体。也就是说，人的认识来自实践，且要和这个世界不断地融合，不断地思考世界上的万事万物。

人在生活之中的实践，本身是与世界的万事万物融合为一的，人从生下来开始，便处在这样的一体之中。也就是说，人一生下来便是如此，所以"人的此在"和"世界上的万事万物"融合为一体的这种关系便是第一位的；而人成为认识的主体和世界成为客体这样的"主客二分"关系，便是第二位的。主客关系是在天人合一的基础之上产生的。

"人的存在和世界万事万物在此之中"的结构是生活的根底，产生了作为人的思维认识的"主客二分"的结构，通俗一点来说，便是实践会产生认识。

所以只有在生活之中、实践之中的人们首先根底在天人合一的关系之中，人才能够作为主体去认识客体，如果没有这个所谓的大前提，那么主体是不可能超越自身内在的这个范围，搭建起认识的桥梁，而与客体建立起来联系的，也就不会达到黑格尔的"理性王国"（主客关系的统一）。所以，主客的统一是植根于人与世界的融合、合一的关系之中的。这也是"主客"结构和"自我世界"结构的关系。

三、中西哲学史上的两种关系

中国的"天人合一"和西方的"主客关系"是两种不同的关系。两者的相同之处在于都表现出了个人精神意识的成长和发展过程。下面笔者将集中讲述两种结构在中西哲学史上的表现。

西方的"自我存在于世界万物之中"和中国的"天人合一"其实有很多相似相通之处，区别在于中国的"天人合一"的"天"在古代有很多种含义。中国的各个学派对"天"的解释有很多种，但是这里的"天"

包含宇宙论的本体论，也就是"天"代表着世间的自然万物。

其实中西哲学史上都有表现出来的"天人合一"结构和"主客二分"结构，但是在中国，长期占主导地位的是"天人合一"，在西方则是"主客关系"结构占据主导地位。

（一）西方哲学史的两种结构表现

在西方的哲学史上，早期的自然哲学是关于人与自然关系的学说，主要是"人在世界之中"合一式。到了柏拉图的"理性"抽象的思想王国，他从认识论的角度讲述客观的理念，并作为"认识"的目标，可以说，柏拉图实际上开创了"主客关系"的思想先河。

柏拉图明确地将主体与客体对立起来，笛卡尔以"主客二分关系"作为哲学的主导原则，但是笛卡尔的哲学也包含"天人合一"的观念。笛卡尔的神是人和世界万事万物的根本和创造者。黑格尔可以说是近代哲学史上"主客二分关系"的集大成者，黑格尔的"绝对精神"就是主体与客体的最高形式的统一。但是他的"绝对精神"不仅是认识的最高目标、最终极的真理，也是世界万物最根本的本根和创造者。"绝对精神"是最高的客观精神，也是人类精神的最高形态——人与世界万物和谐相处。

所以对于黑格尔哲学来说，"绝对精神"包含"天人合一"的思想关系面，并且他也为西方的现当代哲学特别是人文主义的哲学思想铺平了道路。所以，总的来讲，从笛卡尔到黑格尔的西方近代哲学的原则，始终是围绕着"主客二分关系"展开的。

黑格尔之后，西方现当代的哲学家（其中也包含一些神学家）都在贬低主客二分的关系，其中不得不提到的是海德格尔。海德格尔是德国著名的哲学家，其代表作是《存在与时间》，他提出了著名的存在主义思想，并且对于中国哲学的研究也是相当精深。

海德格尔将批评主客关系同批评从古希腊时代到黑格尔这一时间段

的旧形而上学的传统联系在了一起,并且认为这种旧形而上学传统的根基属于"主客式"。特别是对于人文主义的思潮来说,其主要的共同倾向超越了"主客关系"式,并且达到了一种类似于中国的"天人合一"的境界。

不过,海德格尔的思想涵括于"主客关系之中",虽然他对于"主客关系"进行了批评,但是其所提出的"此在于世界之中"的结构式促进了"主客关系"结构之后的哲学思想发展,也就是说,其实海德格尔受到了西方长期的"主客关系"的影响,并且从提出"人在世界之中"的关系式之后,海德格尔仍然保存着西方自古希腊哲学思想以来长期的"主客关系"在里面。

整个西方哲学史,是一个否定之否定的过程,首先是自然哲学家的"天人合一"被智者学派的"主客关系"所否定,伴随"主客关系"的长期发展,至黑格尔达到了顶峰,之后便是海德格尔的"人在世界之中"的再次超越。

(二)中国哲学史的两种结构表现

不可否认的是,中国哲学史长期以"天人合一"作为其主要的指导思想,当然,中国的"天人合一"思想有类似于"主客关系"之处。但其在中国哲学史里并没有占据主导地位,用"主导"一词就表示不是唯一的意思。

中国哲学史里的"天人合一"起源于西周时期的天命论的观点。

天命论认为自然变化、社会运行和人的命运被某种超自然的力量所主宰,人必须而且只能屈服和顺从它。殷墟卜辞中的"帝令雨足年?帝令雨弗其足年"、孔子强调"畏天命"等都是天命论思想的反映。中国古代哲学把天当作神,天能致命于人,决定人类命数。"天命"说早在殷周时期已流行。从古器物发掘中所见到的甲骨卜辞、彝器铭文,"受命于天"刻辞的不止一次出现,说明早在殷周时期,天命观就已经在人们的头脑里扎根了。

用《易经》的话来说，这叫作"乾道变化，各正性命"。对于这里的"命"，后人注释道："命者，人所禀受，若贵贱夭寿之属也。"

在古人的思想观念中，人们的富贵贫贱、吉凶祸福，以及死生寿夭、穷通得失，乃至科场中举、货殖营利，无一不取决于冥冥之中非人类自身所能把握的一种力量，即命运是也。

命运的观点，在古代源远流长。由夏经商历周，至春秋时，孔子弟子子夏说："死生有命，富贵在天。"（《论语·颜渊》）可见孔门弟子是信奉命运的。孔子进一步指出："富而可求也，虽执鞭之士，吾亦为之。如不可求，从吾所好。"（《论语·述而》）宋国的桓魋有一次想谋害他，孔子声称："天生德于予，桓魋其如予何？"（《论语·述而》）

在孔子看来，一个人的生死存亡、富贵贫贱完全与高悬于天的命运有关，绝非尘世碌碌众生的力量所能改变。故孔子又说："不知命，无以为君子也。"（《论语·尧曰》）

而天人相通的观点来自孟子，孟子主张天人相通，也主张"性善论"，人性是天道给的，天道是有道德的，所以人性也就是善的，就是含有道德意义的。人之性善由天也就作为孟子的根据。到了秦汉时期，儒学家经过古今文学之争，也从《中庸》的思想里面提出了天是人道之源。

道家的庄子和老子也是"天人合一"的主张者，道家认为"道"是宇宙万物的根本，人应是以道为本的。《老子》一书中提出了"人法地，地法天，天法道，道法自然"。

道家提倡人的一切都不是自己所拥有的，而是上天委托给人的，人的身体、出身、后辈等，都是上天委托给人的，人能做的只有顺应自然，合乎自然的规律，也就是说，人是自然之物。自然还有自然而然的意思。自然在《辞海》里面的意思是不勉强、不局促、不呆板，亦指自然界，也就是不经过人力干预而自然地发展。

薪火相传：中国传统哲学及现代化简论

《老子》一书中包含着对于知识的轻视，并且提倡人要能够做到清心寡欲，还应该恢复到婴儿的境界（或者愚人的状态）。实际上，这是在要求让人达到一种"天人合一"的境界。庄子称这个境界是"玄德"（潜蓄而不著于外的德行），人想要达到"玄德"的境界，就要通过"心斋""坐忘"的途径得以实现。另外，《老子》的婴儿状态或者说愚人状态实际上包含知识，并且能够超越它。

庄子的"玄德"并不是人们所普遍认为的不懂事和傻，而是一种包含而又超过知识的意思，也可以说是"若昏""若愚"。这样的状态是明白事物但是并不愿意显露锋芒，颇有飞龙乘云，人只见其一鳞一爪，便觉得其好像不是什么大才之意，其实不然，只是"若昏""若愚"自身并不愿意显露罢了。

在这里，海德格尔的"人在世界之中"的关系和老庄的"天人合一"看起来似乎是一样的，但实际上并不是一个意思。首先看相同的地方。海德格尔的"世界"指的是自然界，老庄的"道"也指的是自然界，他们对于天的定义都是相同的。

其次看不同之处。第一，海德格尔的"人在世界之中"是自古希腊以来由长期发展的主客关系学说进化而来的；而老庄的"天人合一"并没有经过西方的"主客关系式"思想的洗礼，其与希腊自然思想家一样，都是没有经过主客关系的"天"。第二，海德格尔给了主客关系明确的地位，就是人存在于世界之中，要经过主客关系的认识才能发现。"主客关系式"的根基是"人存在于世界之中"，但是老庄的"天"并没有给"主客关系式"这样的地位，恰恰相反，老庄的"天"还是主张要抛弃知识，通过"心斋""坐忘"达到"玄德"的境界。

老庄哲学和海德格尔哲学的区别不仅是中国哲学与西方哲学的区别，还是古代哲学和现代哲学的区别。

老庄哲学的"天人合一"与孟子的"天人合一"也有明显的不同之处：第一，在孟子看来，人的根本，有道德意义；而老庄的"道"却是没有道德意义的,所谓"道法自然"。第二,由于孟子的"天"是有道德意义的,所以能够达到"天人合一"境界的方法也是有道德意义的,这个方法便是"强恕""求仁";而庄子的方法是"心斋""坐忘",这便是没有道德意义的忘我经验、意识。孟子以人伦道德原则作为根本的"天人合一"思想至宋明时期发展到了最高峰。

宋明时期张载的"天人合一"可以说开了宋代道学的先例。张载认为,开阔自己的心胸,就能够全面地体悟天下间所有的物事;如果有一物没有真实体会到,那么心就会有盲点,不能根据此物的内在规律处理,这样就是外在的心态了。这世间人们的心,便受制于所听见和看见的事物。圣人尽性,不把所见所闻当作内心视野的牢笼,圣人看待天下就好像天下的所有事情没有一件是和自己不同的。孟子也说尽心便可以了解性、了解天。天很大,没有天之外的事物,所以有外在的心态便是不合乎天的本根。所见即所得便是知道,这是和事物进行了实践才了解到的,并不是以品德(内在)进行了解。内在品德的了解,并不是因为所见所闻才得以萌生。

其实张载的理论涉及了"主客关系"和"天人合一"。在这里,张载认为"天人合一"是高于"主客关系"结构的,但张载也只是提出了这样一个观点,并没有深入探究,也没有说明后者是怎样依靠前者为本根产生出来的。

道学的"天人合一",在张载以后便逐渐发展成两派,一派是程朱理学,另一派则是陆王心学。

程伊川和朱熹的本根是"理"(万事万物的本根),"理"同样也是从老庄的"道"汲取借鉴而来。不过程伊川和朱熹的"理"有道德意义,这是先秦时期的道家所没有的。程伊川和朱熹的主张是,人因为吸收了阴阳五行之气,于是便以道为其上,这也就是程朱的理,也是人的本性由来,所以天和人是相通的。程朱的"天人合一"的最高境界是人与"理"合为一。

薪火相传：中国传统哲学及现代化简论

朱熹的"存天理，灭人欲"，就是说这个包含道德之天的理，是一个至高无上的理，所以人如果想要寻找这个理，要做的就是压制自己的欲望。这个欲望是原始的欲望，包含人的物欲等，所以从这一角度来看，朱熹本体论上的理，如果想要实现，那么其认识论的途径便是要能够去消灭自己本身的欲望。

与程朱理学不同的是，陆王心学里面的"天人合一"强调理并不是在心的上面（心即欲望，为理所压制），也不是在心的外面，而是人心本就是理。

陆王心学是以陆九渊、王阳明为代表的心学。陆九渊认为"心"就是"理"，提出"心即理"的主张，强调宇宙万物以"心"为本原，认为天地万物都在心中，穷理不必向外探求，只需反省内心就可得到天理。陆九渊的思想进一步发展了朱熹的理学，认为"心"就是"理"，强调"宇宙便是吾心，吾心即是真理"。他主张通过反省内心来体悟天理，反对通过外在的格物致知来获取知识。王阳明认为每个人本身就有欲望，穿衣吃饭这些都是很正常的，而理也是在穿衣吃饭之中，在人们的日常生活行为之中。也就是说，王阳明并不主张理对人进行压制，恰恰相反，王阳明主张的是人心即理，重要的是要从自身出发，对于道德的理解才是正确的。这就说明王阳明的心学相对于程朱理学来说，是自由的，王阳明并没有像程朱理学那样，将理看作形而上，也就是能够压制人伦欲望，而是将生活与理结合在了一起，每一个人都可以在日常的生活之中，发现理、感悟理，只要是自身愿意做，那么就可以，这样来看，王阳明的认识论是含有唯心主义倾向的。因为一切不是来自实践，而是来自对于事物的体悟。

但不得不承认的一点是，王阳明的世界（人心与万事万物融合的世界）仍旧是缺少主客关系的。另外，王阳明的理包含道德的天理，也是我国历史上的封建传统伦理道德意识；王阳明的理也是一种理性，指的是道德层面的理性。王阳明的人心并不是可以自由选择的，他主张的人同此心，也就是大家都要能够向着这个观点看，所以这个理其实是有规范和约束的。最后，王阳明的哲学仍旧缺乏主客关系的认识论，所以从这个角度来说，王阳明提倡的是从内心的直接感悟之中，去获得这个共同人心的理，而且认识的途径也仅仅是从心获得，这是不严谨的。

到了明清的时候，特别是鸦片战争以后，万物一体、天人合一的思想不断地遭受人们的质疑，我国的传统哲学也就逐渐转向认识人的主体性和发挥人的主客关系之中。

第二章　先秦时期的哲学

第二章 先秦时期的哲学

第一节　先秦道家哲学

先秦道家哲学的发展，一共有三个主要阶段。杨朱的观点代表第一阶段，老子的大部分思想代表第二阶段，庄子的大部分思想代表第三阶段。

道家哲学出发点是全生避害。为了能够做到全生避害，杨朱的方法便是"避"。这当然也是作为一般普通隐者的方法，逃避人世，躲在山林之中，心想这样便能够躲避人世间的险恶。但是，人生于世，本来就是活在"烦"之中，所以人世间的恶，即便是躲在山林之中，也是无法避免的。所以从这一角度来说，杨朱的"避"绝非上上之策，反而是一种对于社会生活的躲避。以现在哲学的积极观点来看，人应勇敢地面对人世间的各种恶，才能够更好地面对人生和生活。

一、杨朱与隐者

《论语》记载，孔子周游列国时遇到了一些他称为"隐者"（《论语·微子》）的"避世"（《论语·宪问》）的人。这些隐者嘲笑孔子，认为孔子救世的努力都是徒劳的。有一位隐者把孔子说成"是知其不可而为之者"（《论语·宪问》）。孔子的弟子子路有一次回答了这些攻击，说："不仕无义。长幼之节，不可废也；君臣之义，如之何其废之？欲洁其身，而乱大伦。君子之仕也，行其义也。道之不行，已知之矣。"（《论语·微子》）

这一段孔子及其弟子与"隐者"的问答可以鲜明地看出，隐者的思想在于"避"。然而在春秋乱世之中,世间的恶是不能够躲避的。在隐者看来,他们应学会保全自身去学会用躲避求得自身的安宁。所以在早期,隐者选择在山林之中躲避人间的恶。他们有一种悲观的情绪,这样的情绪便是坚信春秋的乱世是不可能被改变的,礼崩乐坏就如同滔滔江水一般将那个时代吞没。所以对于隐者来说,如果想要保持自身的干净,那么要做的便是不让江水沾染到自己。而这样最好的方式就是躲避,藏匿在山林之中,不与红尘相纠结,也正是在这样的思想前提之下,先秦道家最开始的杨朱学说便以全生避害为宗旨。

但这里要注意的是,即便是"避",也并非一味的消极,更多的还是对于当时国家的关心和对于世道的关注。避世的隐者,最初都应该是有一腔热忱想要改变春秋乱世、礼崩乐坏之人,但是这种追求,和现实的乱象相冲突,才会让最初的热血变为隐避,才会让隐者感叹"是知其不可而为之者"。面对这时代滚滚洪流而变得意志消沉,他们不愿意再让尘世间的粉尘沾染到自己,也不愿意看见这个动荡不安的春秋,所以选择了隐匿于山林,求得自身的干净。

先秦道家哲学的出发点就是要能够做到保全自身,但这里要注意的是,即便道家是在提倡保全自身,但也在"避"的过程之中渐渐形成了一套思想体系,而非一味躲避,其中更多的是对于春秋乱世的无奈。当杨朱赋予了隐者行为的意义,那么道家的思想体系就开始初见端倪。

(一) 杨朱

杨朱的生卒年代不详,但是据考在证,其大约生活在墨子与孟子之间,因为在孟子的时代,杨朱便已经具有了与墨家同等的影响。孟子也曾提及过:"杨朱、墨翟之言盈天下。"(《孟子·滕文公》)盈,是充满的意思,用现在的话来说,便是杨朱和墨翟的言论、思想已经为天下所熟知,所以从这里看,杨朱是和墨子生活在同一个时空之中的,而且,

第二章 先秦时期的哲学

在此时,杨朱的言论、思想已经相当出名了。①

《列子》中虽然有一篇关于"杨朱"的文章,但是现代学者对这篇文章普遍有怀疑,大概是因为其文字内容和思想同其他古书中的杨朱思想不相符。所以现在对于杨朱的思想考察还是要从其他古书之中进行汇总,就像拼图一样补全碎片。

所以在这里先讲几个关于杨朱的比较有名的小故事。

杨朱泣歧(出自《荀子·王霸》)。"杨朱哭衢涂曰:'此夫过举跬步而觉跌千里者夫!'哀哭之。"意思是说杨朱站在岔路口说,这就是那错走半步,到觉悟时就已经差之千里的地方吧,杨朱为此而哭泣。后来常用来表达对世道崎岖,担心误入歧途的感伤忧虑。其故事的完整版本是,有一天,杨朱的邻居家丢失了一只羊,这位邻居率领他的家属亲友等人去追寻,又请求杨朱差人帮忙去追寻。杨子问道:"唉!为什么要这么多人去追呢?"邻居回答说:"岔路太多了。"追羊的人回来后,杨子问邻居:"羊找到了吗?"邻居说:"没有追到,还是让它跑掉了。"杨子问:"这么多人找怎么会让它跑掉呢?"邻居回答说:"岔路之中又有岔路,我们不知道它到底从哪条路上跑了,所以只好回来了。"杨子听了心里难过,好久没有笑容。后来他路过那个丢羊的路口,想到邻居丢羊一事,不禁哀痛地说,这就是那个错半步而差千里的地方吧。

《列子·力命》中还讲了如下有关杨朱的一段话。杨布问曰:"有人于此,年兄弟也,言兄弟也,才兄弟也,貌兄弟也;而寿夭父子也,贵贱父子也,名誉父子也,爱憎父子也。吾惑之。"杨子曰:"古之人有言,吾尝识之,将以告若。不知所以然而然,命也。今昏昏昧昧,纷纷若若,随所为,随所不为。日去日来,孰能知其故?皆命也夫。信命者,亡寿夭;信理者,亡是非;信心者,亡逆顺;信性者,亡安危。则谓之都亡所信,都亡所不信。真矣悫矣,奚去奚就?奚哀奚乐?奚为奚不

---

① 钱穆. 先秦诸子系年[M]. 北京:商务印书馆,2015:695.

薪火相传：中国传统哲学及现代化简论

为？黄帝之书云：'至人居若死，动若械。'亦不知所以居，亦不知所以不居；亦不知所以动，亦不知所以不动。亦不以众人之观易其情貌，亦不谓众人之不观不易其情貌。独往独来，独出独入，孰能碍之？"

译文：杨布问他的哥哥杨朱说："有两个人，他们的年龄差不多，资历差不多，才能差不多，相貌差不多，而寿命大不相同，尊贵与低贱大不相同，名分与荣誉大不相同，喜爱与憎恶大不相同。我对此感到很不理解。"杨朱说："古时候的人有句话，我曾把它记了下来，现在将它告诉你。不知道为什么而这样，这是命运。现有的一切都糊里糊涂，纷杂混乱，任凭你做些事情，或者什么也不做。一天天过去，一天天到来，谁能知道其中的缘故？这都是命啊！相信命运的，无所谓长寿与夭亡；相信自然之理的，无所谓是与非；相信本心的，无所谓困难与顺利；相信自然本性的，无所谓安危祸福。这就叫作什么都相信，又什么都不信。真诚的态度，哪里还去考虑何去何从？为什么悲哀又为什么高兴？究竟什么该做，什么又不该做？黄帝之书说：'德行最高的人坐下来像死了一样，动起来好比木偶。'既不知道为什么坐，也不知道为什么不坐；既不知道为什么动，也不知道为什么不动。既不因为大家都来观看而改变情态与形貌，也不因为大家都不来观看而不改变他的情态与形貌。独自去，独自来；独自出，独自入，谁能阻碍他？"

（二）杨朱的基本观念

冯友兰先生在杨朱基本观念的例证里面，将杨朱的基本观点划分为两个：一个是"为我"，另一个则是"轻物重生"。这两个基本观念很明显是反对墨子的"兼爱"。

智之所贵，存我为贵；力之所贱，侵物为贱。——《列子·杨朱》
公天下之身，公天下之物，其唯至人矣。——《列子·杨朱》
杨子取为我，拔一毛而利天下，不为也。——《孟子·尽心上》

第二章　先秦时期的哲学

　　从以上三则言论，我们可以明显感到杨朱的"为我"思想。例如，如果能够拔掉身上的一根毛，便可以对天下人都有利，那么在杨朱的思想里会选择不拔。放在现在来说，可能会有很多人认为这是一种小气的心理，也有一个与之相匹配的成语"一毛不拔"。但是笔者在这里认为，其和本章隐者与孔子的对话一样，"是知其不可而为之者"。也就是说，拔我身上一根毛，并不能够拯救天下，那么为什么还要拔呢？也就是说，明知道不可为，为何还要为？故此，杨朱其实也是一名隐者，只不过杨朱的"隐"体现在了话语之中，他没有像别的隐者一样选择隐匿在山林之中；相反，他选择了入世宣扬自己的学说。

　　从这个角度来看，杨朱身上似乎从来不缺乏儒学所讲的入世的勇气，因为他选择了自己要在春秋的乱世之中宣传自己的学说。但是另一方面，话语之中的"隐"又似乎想要劝说更多的人明白，自身的力量是难以抵挡整个社会的动荡局面的，所以从这个角度来看，杨朱的消极学说似乎也是在告诫众人，不要去做不可为之事。

　　如果进行大胆设想，结合杨朱泣歧的故事，杨朱的心里大概是相当苦的。这个苦是自身能够清醒地看见这个混乱的时代却无力改变。即便像孔子一般，周游列国，不断地游说，似乎最终所得的结果仍然注定是悲观的。历史也证明如此。

　　将个人放置于时代的背景之下，将人物自身的生平作历史的考证，便能够对该学者所提出的思想有更进一步的认识。不过比较遗憾的是，杨朱的生平不详，而对于其自身所留下的只言片语也是分散在古书各个角落。令人着迷的也便是如此，正是因为历史留下了足够多的空白，才能给后人更多想象的空间，才能让杨朱的思想学说得到更多人的猜想和印证。其实，大家现在也未曾找到，为何曾"言盈天下"的杨朱，却没有一本关于自己思想的书，为何在后世也没有兴盛。犹如流星一样短暂地闪耀在中国哲学的历史空间，而后迅速陨落。但是笔者相信，随着时代的进步和考古的不断发现，总有一天，关于杨朱的思想仍然会继续引

· 051 ·

薪火相传：中国传统哲学及现代化简论

起人们的重视。因为从其隐者的思想和作为道家哲学的开拓者来说，杨朱作出的贡献是相当大的。

在当时整个"天人合一"的主流思想之中，杨朱是第一个注重对于个人自身的认识的思想家，从这个角度来说，杨朱的思想贡献不可谓不大。因为当众多思想家都在对天人关系进行思辨的时候，杨朱便开始只对"人"自身作出一些思想学术的深究，所以杨朱的思想是相当值得大家关注的。

二、老子的思想

老子的大部分思想是揭示宇宙事物变化的规律。凡事物之变，事物的本质规律不会改变。若是一个人按照事物运行的规律行事，利用这些规律调整自己的生活，那么事物的变化也会逐渐对自己有利。这在冯友兰先生看来，便是先秦哲学的第二阶段。[1]

并且，老子也是中国哲学史上第一个明确反对将"天"作为最高主宰的思想家。老子提出了天地万物起源的问题，他认为天地万物的本原乃是"道"或者"无"。在《老子》的第二十五章，他提出："人法地，地法天，天法道，道法自然。"也就是说，人的地位要远远高于天。天、地、人虽然统一于道，但是道没有固定形状和明显的痕迹，所以对于人来说，人掌握着道。

从天人合一的观点来看，老子的天人合一思想表现为人与"道"的合一；并且要经过"玄览"的内心直观，方可达到此种境界。"玄览"在汉语词典中有三种意思：一是远见，深察；二是远望，远眺；三是犹玄镜，指人的内心。大概第三种意思最为贴近。

这里的"玄览"可以说将人对自己的审视比喻为内心之镜，通过对自己的审视能够感悟自身。笔者认为，老子对于自身的"玄览"其实

---

[1] 范文澜. 中国通史[M]. 北京：人民出版社，1949：241.

第二章 先秦时期的哲学

并不是仅仅通过内心自省,更多的应是通过自身对周围环境和事物的观察,而后在心中进行一种自省,这和儒家的"三省吾身"有异曲同工之妙。

《老子》第五章里也提出:"天地不仁,以万物为刍狗;圣人不仁,以百姓为刍狗。天地之间,其犹橐(tuó)籥(yuè)乎?虚而不屈,动而愈出。"这大致是在讲,天地不会因为自身的情感,对自然万物是公平的;圣人也不会因为自己的情感,对百姓也是公平的。天地按照自己的规律运行,万物按照规律行事便可以。所以对于天来说,老子并没有一味地抬高其地位,置于神圣之中,而仅仅是将天作为一种规律,这反倒和西方学说相当契合,将自然作为一种规律来看待有一种朴素自然科学的韵味。可见,老子是反对儒家的"仁"的。

老子提倡的"复归于婴儿",也不能简单地理解为绝对不要知识,绝对地否定欲望。它包含着教人超知识和超欲望的更高境界的思想,所以从这一方面来看,老子也继承了杨朱的贵生轻利的思想。

老子的"无为"与"无不为"的思想更是包含着对于宇宙万事万物的态度。其在哲学的划分上应是属于原始的天人合一的思想,所以,老子的"无为"已经包含古代朴素的宇宙观的哲学思想。先秦时代的中国哲学就包含宇宙观,同西方的古代朴素唯物主义思想相同,是对世界的整体把握和认知。

三、庄子及其相关思想

庄子继承和发展了老子的思想,也认为世界本原是一种"道","道"仍然是自然、空虚的,甚至可以称之为虚无。从这个角度来看,道家眼里的世界已经打上了"无意义"的标签,整个社会是无法改变的,按照自身运行的规律不断发展。所以,如果将天比作"道"的话,那么道也是无意义的。

庄子的天不像是儒家眼中的天,会受到各种各样社会规则的约束,恰恰相反，天的精神是可以同人的精神联系起来的，也就是"人与天一也"。但是要想达到这样的境界便需要"心斋""坐忘"来获得，这样的天人合一，在道家这里有一个专属的名词——"逍遥"。从"逍遥"这个词便可以感觉出来，道家所追寻的人的精神境界是一种自由的态度，这里的自由是不为外面的事物所连累，也就是生活之"烦"。①

庄子的《逍遥游》里有这样一句话："若夫乘天地之正，而御六气之辩，以游无穷者，彼且恶乎待哉？"以庄子的哲学视角来看，人就不应为外界所累，而应寻求心中的自由。这一点能够从庄子对于境界的获得方式及途径中窥探出来。他认为通往"逍遥"的方式是"心斋"和"坐忘"，这是一种内心的直观而获得。庄子的哲学承继着老子的哲学思想，同样对于"天"来说，认为义理之天不能压人，天本身是虚无。对于"为道"和"为学"来说，庄子也认为"为道"重于"为学"，所以道家思想的主要方面便是重视理论而轻视科学技术。

庄子认为，社会现存的各种各样的制度都是给人痛苦的，因为每一个人的个性都是不相同的。一个人有一个人的观点，所以这不必要求一致，也不可以强求一致。因为政治制度对于每个人的标准也是不一样的，本来这些都是不平等的，所以政治制度的设置如果是朝着好的标准去强行要求每一个人，让每一个人都去遵循，这本来在政治上就不平等，但是还强行要求遵循标准，这对社会上的人其实是相当有害的。圣人依靠规则作为要求方式，制定了政治的标准和社会上的各种各样的制度，让社会上的所有人都服从他，虽然他的用心是好的，但是结果却是不理想的，就好像《鲁侯养鸟》所说的"此以己养养鸟也，非以鸟养养鸟也"（《庄子·至乐》）一样，最终都是对人有害的。所以庄子是反对通过政治制度等一系列的治理措施来治理天下，如果想要天下得到治理，倒不如顺其自然。

---

① 廖静梅.庄子生命哲学研究[D].开封：河南大学，2006.

第二章 先秦时期的哲学

庄子主张的是绝对的自由，也就是没有规则和束缚的自由，让所有人都顺应自然的本性而后获得幸福，所以主张绝对的自由，也是在讲求绝对的公平。也就是说，人与人和物与物之间，都保有一颗善心来对待彼此，如果善的人从自身的观点去行善事，那么不善的人也就会得到改变，归于一心向善。

天下所有的事物如果都有绝对的自由，那么凡是天下的事物都没有不好的，凡是天下的意见也都是没有错的。这也是庄子的学说和佛学的不同之处，因为佛学认为天下的事物都是不好的，所以天下的意见也就都是不正确的。每个人都有不一样的意见，所以如果以一个意见来作统一的标准，那么天下人的意见，难道都是不正确的吗？

就好像是《齐物论》所问的那样，孰为正处、正味、正色？如果统一那么便不能做好决定。如果没有一个统一的标准，那么天下人的意见都是正确的。只有这样，大家的意见都是正确的，那么便不需要去辩论了。

有的是正确的，那么有的便是错误的；有的是错误的，那么有的便是正确的。所以正确和错误也是相对而言的，这就是庄子学说里的"偶"。如果听到了是非，但是自己本来没有是非，那么这便是无"偶"。

不和本身有是非的人去不断地辩论，而要站在事物的中心去听从自己内心的声音。这就是所谓的站在本心之上来面对其他无穷无尽的事物。庄子的"天钧""天倪"指向万事万物的变化。"休乎天钧"也就是要听从万物的自然规律，如果一个人是圣人，那么他便会顺应万物的自然规律。所以圣人的态度，便是不理会是非却又超出是非。

认识事物没有不好的，任何意见也没有不对的，所以万事万物一切存在的形式也都是没有不对的。就死去的人而言，不过是人从一种存在形式转换为另一种存在形式罢了。如果人们因为现有的存在形式而感受到了快乐，那么死后的人因为获得了新的形式，那么也应感受到快乐。

薪火相传：中国传统哲学及现代化简论

死去的人要顺应事物的自然规律。按照时间的规律而去顺应规律，那么悲伤喜乐也不会影响人们。这就是从古代开始最高明的见解。悲伤喜乐不能影响人们，也就是将道理代替了感情。用斯宾诺莎的话解释就是，悲伤喜乐是"人之束缚"。如果一个有知识的人，知道了宇宙的真理，知道事物发生乃是必然的现象，那么遇见事物便不会轻易触动感情，也不会被这种情感所束缚，便得到人的完全的自由。就好像风吹过使屋檐的瓦片掉落，击中了一个小孩的头和一个成年人的头，那么小孩肯定会因为愤怒而选择怨恨这个瓦片，但是成年人则不会为此而付出情感，所以成年人遭受的痛苦便会相对小许多。因为成年人理解了瓦片掉落的事实的真相，所以悲伤喜乐便可以得到控制。

庄子妻死，惠子吊之；老聃死，秦失吊之，三号而出。在他们看来，死本身便是天意的结果，对待这件事情产生的悲伤和痛苦，属于"遁天倍情"（违背天然之性而加添流俗之情）。"遁天"者肯定要受到责罚，而责罚便是因为这件事情而所受到的痛苦。如果知道得到是顺应了规律，失败也是顺应了规律，那么就会按照时间的规律来身处顺境之中，也就是悲伤喜乐不会进入人的心里，这就是不受"遁天之刑"的最高明的见解。能够做到这样地步的人，就可以用天理来化解情感。

从另一方面来说，不但人的出生和死亡可以看作一回事，而且人的生活和死亡其实本来是没有什么区别的。对于天下的万事万物，也就都是一样的，因为是一样的所以便是相同的，那么人的躯干和动物的躯干都会成为尘土，死亡和出生也不过是世间的规律，便不能够扰乱人心，还会因感念祸福去介入吗？

圣人在万事万物之中不会违背事物规律，所以可以完善地保存自身。死亡和老去、开始和结束，每个人都会经历，世间万事万物归于一道，又有什么可以依恋的吗？如果能够让人和宇宙自然万事万物归为统一，因为这个道而万物都是平等的，那么宇宙自然万事万物便是没有任何生死的，人也是没有任何生死的，宇宙是永恒的，那么人也会成为

第二章　先秦时期的哲学

永恒。

但什么样的方法能够达到人的个体和宇宙合二为一呢？在纯粹的经验里面，也就是黑格尔的"绝对精神"里，人便能够达到和宇宙自然万事万物融合为一个整体。

"纯粹经验"也就是没有知识的经验，不是不要知识，而是了解知识而又超出知识，达到"纯粹经验"的场域。当有了"纯粹经验"，有知识经验的人对于他所了解到的知识经验，只会感觉到是这么回事，却不知道本身是"什么"。

威廉·詹姆斯会用"THAT"和"WHAT"来替代。威廉·詹姆斯眼里的"纯粹经验"，也就是经验的本身价值，是没有任何企图的，仅仅是单纯地感觉到的事物本身的自然规律。在佛家的眼中，"纯粹经验"可以称为现量。现量是因明用语，即感觉。商羯罗主《因明入正理论》云："此中现量，谓无分别。"此即感觉器官对于事物个别属性的直接反映，尚未达到思维的分别活动（未形成概念）。

庄子的学问对于真人所有的经验，也是这般。庄子所身处的世界，便也是这样经验的世界。在这样的经验之中，带有经验的事物本身便是具体的。用名字所指代的便是抽象的思维。所以用名称和言论所指称的也就仅仅是经验的一部分。例如，"人"这个名称所指代的，仅仅是表现了所有人类共同的个性，每一个具体的人的特点和个性便不能全部包括抽象和具体的分别，抽象的"人"和具体的"人"是不一样的。所以一旦有了这样的表面事物，看似作出了一定的实效，但是实际上是相当不合理的。

有了表面（世间功名利禄）的事物，便会有了成绩；有了成绩便会遭受毁灭和破坏，所以人其实可以不用去追逐，而仅仅停留在纯粹的经验上面，回归到儿童一般的心态。虽然世间的万事万物都是有区别的，但是仅仅以我的知识来看，其实是没有任何区别的，也就是说，在庄子眼里，人的绝对自由要能达到"天地与我并生，而万物与我为一"矣。

薪火相传：中国传统哲学及现代化简论

人到了这样的境界，便可以感受到绝对的自由。大概这世间的一切事物，如果顺应了它的本性，那么都是可以逍遥自在的，然而自然的万事万物的活动都要能够有所依赖，这就是《逍遥游》里讲述的"待"。

第二节　先秦儒家传统哲学

一、儒家与孔子

到了春秋时期，原来的周朝制度在社会、政治、经济等各个方面，也都有了根本的改变。从春秋到汉代中期数百年的时间，便是中国社会进化的一大过渡时期。这个时期的中国人遇到了新的环境，并且思想解放程度也相当高，对比中国之后的众多历史时期，没有能够超出和与之相比的。所以中国的这一时期，乃是历史的重要时期。

周朝时期，礼崩乐坏，有怀念礼乐制度的人看见了春秋的乱象，便自觉地起身对于周朝的礼乐制度进行拥护，孔子就是这样的人。不过在周朝末期，社会动荡，孔子只身守护周朝的礼乐制度，足够让人对他产生敬畏之心。但是社会已经发生了动荡，拥护礼乐制度的人，如果想要让春秋时期的各个君主信服，便需要说出拥护的理由，也就是要找到维护旧制度的根本依据。孔子是开山鼻祖，后来无数的儒家弟子也都前仆后继。儒家对于历史所作出的贡献，重点便在这里。

但是由于历史发展的必然规律，周朝的礼乐制度崩坏不会因为儒家弟子的拥护而停止。孔子之后的儒家弟子，有的批评或者反对旧制度，有的想要对旧制度进行改良，还有的想要建立一个新的制度来代替旧的制度，甚至有反对一切新旧制度的人。这都是因为人处于过渡时代，旧制度已经失去了权威性，而新的制度正在建立，人们都处在这个徘徊、迷惘的时期。儒家用自己的理论来维护旧制度，所以与儒家有不同意见

第二章 先秦时期的哲学

的学派，想要让这一时期的君主信服他们，也需要说出他们的理由和根据。

《荀子·非十二子》对先秦各学派代表人物它嚣、魏牟、陈仲、史鳅、墨翟、宋钘、慎到、田骈、惠施、邓析、子思、孟轲十二人作了批判，而归结于推崇仲尼（孔子）、子弓的学说，是因为仲尼、子弓是对自己的学说说得有理有据的人。人们注重在理论上的固有习俗，让诸位名家学子"坚白同异"这样的辩论，演变成了对于纯粹理论的讨论。哲学化的开端，便是这样的理论化的开端。孔子便是发起这场纯理论运动的人，所以后世学子都称呼孔子为"至圣先师"。

作为旧制度维护者的孔子，在这个时期的政治主张，是为了治理春秋乱世而回到周朝的礼乐制度。周天子仍然是天子，春秋各国的诸侯成为周朝时期封邦建国的诸侯，士大夫阶层仍然是士大夫，陪臣仍然是陪臣，百姓也就仍然是百姓。大意来讲，是要恢复传统的周朝政治制度和阶级地位，让他们都可以"名副其实"。在孔子看来这是相当重要的。

所以一个职位必然会有一个职位的定义（相对于旧制度而言），这个职位定义所指向的，也就是这个名号所指示的事物之所以能够成为这个事物的人，也就是这个事物的概念和要素。例如，"君"这个名字的定义所指向的，是君这个职位之所以能够称得上君的人。孔子的"君君、臣臣、父父、子子"，第一个君字乃是周朝制度下的君，第二个君字便指的是君这个称号，其余皆是如此。如果想要君臣父子都是按照这个定义进行，都要寻求这个规矩，那么天下也就有了规矩。

孔子目睹了春秋时期的乱象，看见了春秋时期的君不再是周朝的君，诸侯的地位远远高于君，也就是春秋时期的礼崩乐坏的局面，便发出感慨，认为春秋时期的乱象是名和实际地位并没有相匹配，所以孔子想要通过正名来挽救这个乱世。

孔子对于当时的政治见解，代表了拥护旧制度的观点。但是在道德哲学方面，他却有新的见解，而且形成了自己的一套理论体系，这为后

· 059 ·

来的儒家学说打下了坚实的基础。道德哲学也就成了孔子的主要学说，尤其是孔子对于仁的见解。

由孔子弟子依据孔子及其弟子的话语整理而来的《论语》，讲述仁的道理也是相当多的。总结起来便是，有"仁"的人，他的本性都是合乎礼仪的自然流露，并且他的同情心也能够通过自己传递给他人。

关于"仁"的说法，第一种是"刚毅木讷"之人，因为其质朴、有真性情，近乎"仁"；而"巧言令色"之人，由于没有真情的流露，便不是"仁"。第二种是"爱人"者，"爱人"者站在君主的地位上，有替别人着想的思想，所以这也是"仁"的一种体现。第三种是"克己复礼"为"仁"，这里的"仁"也就是合乎礼仪的真情流露。第四种是"己欲立而立人，己欲达而达人"，这里的"仁"是一种推己及人的做法，是对国家的忠诚，也是对曾经侵害自己的人的宽恕。

宋明理学陆王一派曾经提出这样的假设：所有人本身都是有良知的，也就是街道上的普通大众都是"圣人"，所以人们只需按照自己的良知行动，便不会有错。人的真性情本来就可以自然流露，那么一切事情也就都是顺顺当当的。不过孔子其实最初没有这样的思想，所以他提出"克己复礼为仁"。

但礼是对人们强加的规范要求，除了在政治上对礼作出规范，每个人的内心也要按照自己心中合乎礼的标准来做事情。如果能够推己及人，那么自己内心的真性情的流露也就自然而然地合乎要求。所以"仁"是孔子一直主张的要求，也是孔子的中心学说。

在孔子眼里，只有"仁"代表着所有道德的集合，所以孔子常常以"仁"来统治所有的道德。宰予认为服丧三年的时间太久了，所以孔子便认为他是不仁的，所以"仁"里还有孝道。仁当然还含有对于皇上的忠诚之义以及果敢的意思。以此来看，作为所有道德集合的"仁"其实代表着所有人的美好品德以及个性的自由、真性情流露。而人的真性情流露只需合乎礼仪便可以了。这便是天底下最好的，每个人都应按照这

第二章 先秦时期的哲学

样的方式、方法做事情。

每个人的行为准则有一部分应是内心的道德要求，而非外在的道德规范；应是从心里面成长起来的，而不是外界僵硬刻板的条文；内心的道德也是可以根据具体的要求更改的，而并非僵化固定的。所以，每个人的行为可以因为时间和具体的要求不同而发生改变。

人的真性情流露，只需合乎礼仪便是最好的。而从行为方面展示自己的性情，应是这个行为是否对社会和个人有好处，不应过多询问。现实生活之中，但凡是人的真性情流露，合乎礼仪，并且付诸实际行动，这样所做的事情大多是对社会有好处的，至少是没有坏处的。但是孔子不是十分注意这样的行为所产生的最终结果，他一生所做的事情大多是按照自己合乎礼仪的真性情去做的。

孔子的做事风格不讲究功利，所做的大多数事情也只是合乎礼仪的自己的真性情流露。从这里可以看出，孔子的哲学是非常注重人的心理方面的，所以后来的儒学也都注重心理方面的研究。在这里孔子并没有对人的本性有明确的学说，所以性善、性恶到了后来成为儒家的一个大的研究问题。

二、孟子"为道"

孔子创设了以讲学作为职业的先河，所以他的弟子后来也大都是以儒者的身份去讲学，大儒者教授为官的人，而影响力小的儒者以教授普通学生为主。通过讲学得以闻名整个社会的，首推孟子。

孔子在中国历史上的地位等同于苏格拉底在西方历史上的地位，依此类推，孟子在中国历史上的地位便等同于柏拉图在西方历史上的地位，荀子在中国历史上的地位便等同于亚里士多德在西方历史上的地位。

孟子继承和发扬了孔子的思想，也是周朝的礼乐制度的忠实拥护者。但是孟子提出了自己的政治哲学。在孟子的政治哲学里，他的理想政治制度是严格区分天子、诸侯等阶级，模仿周朝实行封建等级制度，坚持唯仁者宜在高位。所以，他的理想制度便是有圣人品德的人才能得到天子的地位，如果身居天子地位的圣人已经老了，那么便需要在他死之前提前选择一个同样有这样品德的圣人，并且先授予将相一职位来实验。①

等到老圣人去世，那么这个年轻的圣人便可以取代他成为天子。因为天意不可揣测，但是民意可以了解到，所以百姓都认可他。如果没有天子的推荐的话，便不能让这个有圣人之德的少年先在宰相之位锻炼，也就不能颁布政策让人民感受福利，百姓的心也就不会向着他。所以，从这个方面来说，孟子的理想和柏拉图《理想国》里面的理想主张极为相似。

孟子的理想经济制度是井田制度。他所讲述的井田制度，是建立在原本的井田制度基础之上，将其转变成了带有社会主义因素的经济制度。按照春秋之前井田制度的规定，土地是国君和贵族所私有的，贵族将土地租给农民，强迫农民耕种并收取地租，所以原来的井田制度代表了贵族的利益。

按照孟子的理想，土地应为国家所有，国家给农民分配土地，让农民耕种。农民所种土地的产量，其中一部分交给国家作为宰相、士大夫等官员的俸禄。

在孟子看来，"以代其耕"，农民耕种国家的田地，是给国家交纳税费；而农民给地主耕种田地，性质就变为给私人交纳费用。所以孟子理想的制度便是让人民能够为了自己的利益给国家缴纳费用，这就是孟子说的理想制度。

这种理想制度，也就是孟子眼里的王道、王政或者被称为"仁政"。"仁政"的可行在于君主的"不忍人之政"，每个人都有善心，不忍心看

---

① 吴碧翠.孟子思想的主体意识探析[D].曲阜：曲阜师范大学，2017.

第二章　先秦时期的哲学

见别人困苦，这就是仁政可以施行的原因。从这里也可以看出，孟子提倡的是"性善论"，也就是说，孟子认为每个人的本心都是善良的，所以才提倡这样的言论和宣扬这样的理想制度。

孟子因为齐宣王不忍心杀一头牛去祭祀，便断定齐宣王一定可以施行仁政。而且齐宣王说自己喜欢美女和珍贵的宝物，孟子回答说，齐宣王的喜欢如果推广到社会，便会让齐国的老百姓也喜欢；但是如果齐宣王心里想要施行仁政的话，那么老百姓也会喜欢仁政。

如果和孔子的"仁"作对比的话，我们会发现，孔子的"仁"多是在讲述个人的修养，而孟子更倾向于社会及政治制度，所以孔子倾向于"内圣"，而孟子则倾向于"外王"。

每个人都有"不忍人之心"，也就是人性都是善良的，在孟子眼里的本性善良，是说人都有"四端"（仁、义、礼、智），如果这"四端"能够推广并且使其范围不断扩大，那就可以成为圣人。人如果本性不善良，那么便不能让这"四端"的范围不断扩大，所以说，人不善良和才华是没有什么关系的。用现在的眼光来看，孟子更倾向于认为，人首先要做的便是有德，如果没有德，那么即便有才华，也是没有什么大用的。

人如何扩充此"善端"呢？这个问题如果从功利的视角来看，就要看是否对国家有利，如果对国家有害的话，便不可以扩充。当然，这也是下文墨子的思想主张。

按照孟子的思想来说的话，人一定要扩充此"善端"，因为人的本性便是"善"。《孟子·离娄下》曰："人之所以异于禽兽者几希，庶民去之，君子存之。"人之所以被称为人，便在于人所包含的基本要素，这些基本要素和定义便能够让人区别于禽兽，也就是要能够做到"理"（也是孟子所提倡的"王道"）。①

---

① 王琦.朱熹帝学思想研究[D].长沙：湖南大学，2017.

薪火相传：中国传统哲学及现代化简论

　　心是本根，在于善从心感悟，而后便是思考，思考的是"王道"，想要成为圣人，此"王道"便是为国为民分担责任。如果是对于自己内心的体悟和修养，便是小的"王道"；大的"王道"承担的责任更大，所以配得上更高职位的官位。

　　亚里士多德在其伦理学著作里也曾提到，饮食和情欲这些基本的生理本能都是人和禽兽所共同拥有的，但是人与禽兽有别的关键，便在于有"王道"之心。

　　人能够思考，便有了理性，这是会思考的人本身所拥有的，也是"天"给人们的，这是孟子口中的"大体"；像是人类耳目这样的器官，是人和禽兽所共同拥有的，所以这是孟子口中的"小体"。如果只是遵循自己的原始欲望，那么人和禽兽便没有什么两样。所以像是人所拥有的耳目这样的器官，因为过多地看外界的事物而蒙蔽了内心，让人的心也因为"小体"而被外界的事物所引导的话，便会"陷溺其心"。人的内心会有不善的观念，也是这个原因。人有一颗思考的心，便可以遵循礼义。所以人有了礼义，便是孟子口中的"大体"。

　　人遵循"大体"，便是人成为人的意义，也就符合人的本根定义。如若不然，那么生活中的人就会失去人的本质属性，和禽兽没什么两样。

　　因为孟子提倡的是"性善论"，所以人的内心有"四端"，像上文所说的一样，如果每个人都遵循这"四端"，并且将其发扬光大的话，那么人人都符合孟子所评价的"圣人"标准，这也是每个人都可以做到的。

　　当然，人在生活之中也不应计较利弊得失，也不用计较，因为这是天命，天命是人不能够更改，也是无可奈何的事情，是人的力量所达不到的。

　　从这里也可以看出，孟子反对利。孟子认为每个人都有恻隐之心、善恶之分、礼仪辞让、明辨是非的"四端"。如果将"四端"继续扩大

第二章 先秦时期的哲学

的话,那么就会发展成为"仁、义、礼、智"这"四德"。"四德"乃是人本性发展的必然结果,人之所以要发展人性,是因为只有这样才能让人符合人的本身和定义。而人从"四端"扩充到"四德",也不是因为有利可图,而是对于社会来讲是有好处的。从最终结果来看,人发展了"四德",成了圣人,那么就一定要承担重要的职责,但这是发展"四德"的附加价值,并不是为了承担重要的职责才选择发展"四德"。这就好比画家的作品,虽然以后可能给画家带来巨大的利益,但这并不是画家创作的初衷,画家创作的初衷便是用画表现他的理想和情感,并不单纯是为了利益。

此外,孟子不仅主张义,还反对利,但是他在义利之辨上却没有详细的说明,这也是孟子未尽人意到的地方。

如果从孟子和墨家学子关于丧葬是否要隆重举办的方面来说,也可以彰显孟子的非功利的态度。墨家批评儒家主张厚葬久丧的态度,主张短丧,这便是从功利主义角度来看的;而孟子并非如此,他主张的厚葬久丧虽然对于个人来说是不利的,但是对于社会来说却是有利的。在这里,笔者先带大家了解一下儒家的厚葬久丧观点。

孟子认为,厚葬久丧是为了"尽于人心",这也是儒家所提倡的精神。

孟子眼中的"天",有时候是神秘的天,有时候是德,如"舜荐禹于天"的天,有时候也指向天命之天,有时候则是义理之天。孟子说人有"四德"(仁、义、礼、智,也可以说是"四端")的原因,便在于人的本性是善良的,而且这是上天所特别授予人的。按照这个说法,那么心善便是形而上学的本根。"形而上"谓之"道","形而下"谓之"器"。"器"在"地"上,而"器"的"上"面是"道",因此,所谓"形而上"的具体意思是指"道"。中国人很重视这个"道",认为它是起主导作用的,它支配着"地"上的一切"形""器""象"。

当然,不可否定的一点是孟子的学说也是存在神秘主义的,即孟子

薪火相传：中国传统哲学及现代化简论

眼中的"浩然正气"，这是孟子认为的人所能达到的最高精神状态。至于如何能够达到这种状态，仍然要从内心的本性出发。

孟子的"义"和孔子的"仁"相似，都是一种抽象的表达。"义"大概包含着人性之中所有的善"端"，并且是人的内在和外在都具有的。所以未尝知说："告子未尝知义，以其外之也。"这样的善"端"都是倾向于取消人与人之间的界限，如果从此开始继续推广，不能操之过急，也不能停滞不前。对于孟子的"义"，笔者认为最形象的便是《孟子·滕文公下》的描述："富贵不能淫，贫贱不能移，威武不能屈，此之谓大丈夫。"这才是孟子心中的大丈夫。

三、荀子"为学"

先秦儒学的最后一位大师便是荀子。也就是说，孟子之后的儒家学子里面，唯有荀子让儒家再一次有了新的生机。孟子和荀子都很尊敬儒学的创始人孔子，但是荀子对于孟子的观点却不大认同，这里也不能说是不尊敬，毕竟先秦诸子百家学派不认同他人的学说，是一个很普遍的现象。

西方的哲学家大多是喜欢柏拉图的，也有的人喜欢亚里士多德。笔者对于哲学家的划分和詹姆斯有一些相同，哲学家可以根据气质来划分，分为硬心和软心两个学派。柏拉图是软心学派的代表，而亚里士多德则是硬心学派的代表。孟子是软心学派的哲学家，因为孟子的哲学包含着众多的唯心主义倾向；而荀子是硬心学派的代表，因为荀子的哲学包含着唯物论的倾向。

荀子对于孟子的唯心主义论点，大多是不赞同的。笔者认为，这是因为两人的哲学主张本根不相同。战国时期的荀子和孟子之间的学派之争，倒是和宋明时代的程朱道学家派别的争论有些相似。①

---

① 国学网.荀子[EB/OL].（2012-08-15）[2014-08-28].http://www.guoxue.com/?book=xunzi.

第二章 先秦时期的哲学

孔子眼中的天是主宰的天,也就是道德之天,重在体现人的内心修养;孟子眼中的天是神秘的天,因为孟子对于天的解释有很多,有主宰,也有天命时运,还有义理;到了荀子的天便是自然的天,也就是说,荀子的本体论认为世界是物质构成的。之所以荀子的天会是自然之天,大概是因为受到了老庄之学的影响。

荀子的本体论也是包含宇宙论的,并且承认世界是由自然万事万物所构成。孟子的义理之天,将人的本性也看成天的一部分,这也是孟子的性善论的根据(善是天的一部分,天属于中国传统哲学里面的形而上)。但是荀子的天,正如上文所说的一样,是自然的天,没有包含道德的含义。所以,荀子提出了和孟子相反的观点,便是"性恶论"。

因为荀子的天只是单纯的自然万事万物,所以没有个人理想和伦理道德纲常。那么人的本性从一开始也就不具道德,所以道德是人后天发展而成的,这便是虚假的。人的本性既然没有道德,那么便是趋利避害的,所以人的本性便是"恶"。笔者认为这里的"恶"是和孟子的"善"相对的,也是一个抽象的概念,包含了孟子眼中不好的品行。

在荀子看来,人的本性虽然是恶的,但是人在现实生活中仍然可以做善事。在荀子的眼里,人人都可以成为儒家一直提倡的具备美好品德的圣人,因为人具有后天成为圣人的资质,是可以对美好的品德进行学习的。所以就孟子的"善端"而言,荀子认为这并不是天生的,而是靠个人的才华和能力学习养成的。

儒家所提倡的善,是有礼义,也是内心有"仁"(孔子)、"义"(孟子)。但是荀子认为这些美好的品德并不是人天生就有的,而是在后天的学习之中培养的。对于国家的起源,荀子认为,国家是因为功利才从一个地方变成一个国家,这个国家不依靠个人的美好品德,而要从功利之争之中逐渐奋斗而来。一切的礼义教化制度也是源于这个理论。因为人是有聪明才智的,所以都知道没有群体,人便不能生活(这里颇有人是社会性动物的意味),也知道人如果没有良好的品德,便不能和群体

薪火相传：中国传统哲学及现代化简论

一起生活，所以设立道德制度的根本目的，便是整个群体可以生活在一起。

按照这样的理由，荀子在探究礼的起源方面也是如此，礼起源于哪里呢？

首先，每一个人都是有欲望的，人一出生便会有原始欲望，就好像婴儿哭叫以求能够吃饱一样，只不过当人的欲望没有得到满足的时候，便有了追求，而追求如果没有一个范围的话，便会引起纷争，有了纷争国家便会动乱，国家动乱那么人民便会生活穷苦。以前的统治者不喜欢国家老是在动乱之中，于是便用礼义来给人们划分阶级，这就满足了人们的欲望。先王也会给别人想要得到的，人的欲望如果可以和所给的东西达到平衡，便不会发生动乱。而这个平衡便是礼给的，所以这个时候礼便诞生了。

在荀子的眼里，礼是用来矫正和平衡人性的。

礼除了能够用来节制人的欲望之外，还可以作为形式来修饰人的思想感情。关于这个方面，荀子说得也相当精辟。

荀子重视功利，这一点是和墨子相同的。但是荀子对于人的本性情感的态度，却和墨子不相容。墨子持有过于偏见的、极端功利主义的观点，认为人的很多情感都是没有用、没有意义的，所以不必压抑自己。而墨子这样的观点最终造成的结果便是不注重人的内心思想感情。荀子虽然也是重视功利的，但并没有墨子那么极端，荀子对于人的情感持重视的态度。这一点可以从荀子对于丧葬的态度里发现。

对于丧葬，荀子也认为要实行厚葬，因为就人生而言死是一件很重要的事情，所以明白其中的死生之义，要给予悲伤的敬意，还要让整个丧葬制度能够顺利进行，这也是孝的一种体现。

厚葬久丧，便是人们虽然知道逝者已经消失（这是一种理智），但是心里面还希望其仍旧是活着的一种情感体现。如果人们只保持着礼制，那么便是不仁，也可以称之为不孝；但是如果只保持着情感，便是

第二章 先秦时期的哲学

一种愚的表现,所以荀子曾认为"大象其生以送其死"(大致模仿他生前的样子把死者送走)。这是一种理智和情感兼顾,并且仁和智都存在的表现。

荀子对于祭礼也发表了观点和看法,祭祀的人对于死者大概都是表达尊敬和仰慕,用忠诚、信赖、敬爱表示对死者的仰慕,各种理解和情感都很深切,如果不是圣人的话,并不会了解这层意思,而只是将目光看向这个祭礼的宏大。圣人可以知晓其中的道理,君子可以这样去做,做官的人将其作为守则,百姓将其积习成俗。这在君子的眼中便是"人道",在百姓的眼中便是在为鬼魂做法事。

在活着的人眼中,祭礼是对死去的人表达尊敬和怀念,所以采取祭祀的方法。但是所要祭祀的对象是死人,人们一方面要郑重地祭祀,另一方面要能够表达真切的感情。丧葬典礼起源于人的迷信。荀子认为这是自然主义的哲学,并且赋予丧葬典礼以新的意义,这也是荀子的一大贡献。

关于"名"的方面,孔子和孟子都是从道德方面论述,也就是哲学的伦理观,并没有逻辑形式。而对于"名"荀子有一篇《正名》是有关逻辑形式的,他对"名"(现代汉语的意思是人或事物的称谓)与实(客观存在)的关系进行探究,认为世间关于名实问题有三惑:第一类是用名以乱名者,第二类是用实以乱名者,第三类是用名以乱实者。

用名以乱实的含义是用名的约定俗成的含义检验,就可以接受正确的名,而抛弃错误的名。所以名在这里是一种约定俗成的含义,是抽象的;而实则代表现实具体的事物,是具体的。

也就是说,有人用已经约定俗成的含义来扰乱约定俗成的含义;有人用现实具体的事物来扰乱约定俗成的含义;有人用约定俗成的含义来扰乱现实的具体事物。此类论述最好的例子,应是"牛马之辩"和"白马非马"。

第三节 先秦墨家哲学

一、墨家与墨子

墨子的活动年代晚于孔子,墨子反对孔子的儒家学说。墨子自己写的书里反对儒家的观念也是相当多的,墨家和儒家的根本不同点是墨家重利,而儒家重礼,不重名利。

如果将孔子和墨子的学说做一个对比的话,那么孔子的学说推崇的是真性情的流露,而墨子的学说推崇的是"功"和"利"。"功"和"利"是墨子哲学的本根,"三表法"是墨子提出的立言标准,"三表法"的提出与百家争鸣时代人们对辞令的普遍重视有关。《墨子·非命上》提出:"是非利害之辨,不可得而明知也。故言必有三表。""表"即"仪",法,准则之义。"三表"分别是"有本之者""有原之者""有用之者"。"有本之者"的意思是有历史经验佐证,"有原之者"的意思是有现实评价佐证,有"用之者"的意思是有实践后的效果佐证。在这"三表"里,最重要的是第三个,立言要能够为国家百姓人民求得利益,这也是墨子评价一切的价值准则。

任何事物只有符合国家百姓人民的利益,才算得上有价值。国家百姓人民的利益,也就代表着人民的"富强"。凡是能够让百姓从中获取利益的事物,都算得上是有用的(于国家、于人民而言);否则,就是没有益处甚至是有害的,所以墨子对于一切价值的评定都是按照这样的标准进行衡量的。

富强对于国家百姓人民来说是最大的好处,所以凡是对国家百姓人民没有直接用处的或者有害处的,都要废除和放弃。每个人都应崇尚节俭,反对铺张浪费。从这方面来看,墨子也是注重节用、节葬、短丧、

第二章　先秦时期的哲学

非乐的。

墨子同样认为，一切的奢侈和装饰都不是对国家百姓人民有利的，但是奢侈也并非最大的害。最大的祸害是国家人民之间互相斗争，没有安宁平息，而之所以会产生上述问题，主要是因为人和人之间没有"相爱"。所以墨子提出"兼爱"的观点，认为可以用"兼爱"解决此类问题，由此可以看出，墨家也是很注重关注社会动态的。

墨子认为用"兼爱"之道不止对别人有利，对于行"兼爱"之道的人也是有益处的。墨子的"兼爱"纯粹从功利方面来证实"兼爱"的必要性，这也是墨家主张的"兼爱"和儒家主张的"仁"不同的地方。

天下的大的功利，便是在于人的"兼爱"；天下大的祸害，则是在于人的互相争斗。所以，每个人都应该讲求"非攻"。孟子也说："善战者服上刑。"但是墨子的非攻是因为其没有好处，孟子反对战争是因为其是不义的。

墨子虽然认为"兼爱"之道是唯一的救世法则，却并不认为人的本能是"相爱"。墨子认为人的本性像洁白的丝，之所以会有善恶之分，是因为后天社会沾染上的。所以，每个人都应用"兼爱"之道来感染别人，使人与人之间做到相互有利，而不是相互有害。所以墨子对于各种各样的仲裁格外重视，因为这可以使人变得和善友爱。

墨子在书里还认为有一个类似于上帝一样的鬼神存在，他可以对"兼相爱"者进行奖赏，对于互相损害者进行处罚。所以这个鬼神和国家的奖赏或惩罚，是人自身的行为所导致的，而不是天命所规定的。如果认为这样的奖赏或惩罚是天命所规定的，那么种种奖赏或惩罚，就都失去了其效果和力量，所以墨子也就提倡"非命"。

墨子的政治哲学可以从其所著的《墨子·尚同》等诸篇作品中体现出来。17世纪的英国哲学家霍布斯认为，每个人从诞生之初并没有国家的概念，这就是婴儿一样的"天然状态"，而有的历史阶段，不同国家的人将彼此看成仇敌，互相争夺，互相战争。这便是人并不满足于这

薪火相传：中国传统哲学及现代化简论

个"天然状态"，所以不得不承认一个绝对权威的统治者，并且服从他。霍布斯认为国家起源的原因便是这样，所以君主的权威是整个国家最大的。如果不是这样，那么国家便会四分五裂，人们又重新回归到"天然状态"之中。国家的权威性可以和上帝相比较，不过上帝是永远存在的，但是国家只是存在于一段历史时间当中，从这里便可以看出，墨子的说法和霍布斯的说法十分相像。

在没有国家的时候，因为没有制定一个强制的标准，则天下就会四分五裂，兼并战争也在不断地发生。国家成立以后，天子发号施令，就成为绝对的是非准则。天子的上面是天，国君的上级是天子，家长的上级是国君，个人的上级是家长。下一级的人要服从于上一级的人，而上一级的人要能够做到以"兼相爱，交相利"为主要命令，那么天下的人就都会互相友爱，做对彼此有利的事情。

荀子曾经这样评价墨子："墨子有见于齐，无见于畸。"所以需要注意的是，墨子虽然提倡人都要服从于天，但是根据墨子所划分的等级，只有天子是要服从于天的。天子是代替天来对下面的人发号施令的，所以人民只有服从于天子。

按照墨子的观点，宗教要成为政治的附属，政治的制裁是唯一对社会的制裁。这个观点也和霍布斯的观点相符。霍布斯认为，教会不能独立于国家之外，不能有自己独立的主权。否则，国家就会分裂，就会不复存在。此外，霍布斯认为如果人民只是信奉个人的信仰，没有服从法律的意志，那么这个国家也必将灭亡。所以依照墨子的天子服从于天的观点，上帝以及当权者的意志也是合二为一并且不会产生冲突的。大概霍布斯所言的英国的君主同时也可以拥有教皇的权力。

二、后期墨家

墨家是中国古代主要哲学派别之一，约产生于战国时期，创始人为墨翟。墨家是一个纪律严密的学术团体，其首领称"钜子"，其成员到各国为官必须推行墨家主张，所得俸禄亦须向团体奉献。墨家学派有前期和后期之分，前期墨家思想主要涉及社会政治、伦理及认识论问题；后期墨家在逻辑学方面有重要贡献。

（一）墨家的"知识"和"名"

《墨经》里的知识论，代表着一种较为朴素的实在论。墨子认为，人是具有认识能力的。但是如果只是有这种能力，并不一定代表着有知识。因为对于人的认识来说言，要想获得知识，便需要和认识对象直接接触。在墨家看来，对于认识能力来说，只有接触到了认识对象，才能够感觉到，才可以成为知识。在认识的感觉器官上，有视觉、听觉、思维等器官。而且人通过感觉器官了解认识对象以后，便要通过感官接受外界事物的影响，还要通过心来加以解释。

《墨经》把知识分为三类。第一类来自认识或者说是亲身经验，第二类来自推论的知识（得自演绎，也就是从已知推未知），第三类来自权威的传授（得自传闻或者文献）。同时，《墨经》又按照认识的各种对象，将知识分为四类：名的知识、实的知识、相合的知识、行为的知识。

名、实、名实关系，其实是名家特别关注的。名，在儒家荀子看来代表着社会约定俗成的含义，而实就是现实社会里的具体事物。比如，"这是水"，"水"便是名；而"这"代表现实的事物，也就是实。按照西方的逻辑学术语来讲，名是命题的客词，实是命题的主词。

《墨经》中把名分为三类：达名、类名、私名。这三种名在笔者看来，"物"为达名（通名），一切"实"（实在的、客观存在的、具体的事物）就用这个名字。"狗"是类名，此类的一切"实"都必须用这个名字。而具体到某个人的名字便可以称之为私名，这个私名只能用到这个人身上，代表着独一无二。

相合，是指名和实可以相互结合，并保证不会出错。例如，你指着一张桌子,说"这是桌子"。从思维上来说,"桌子"一词是社会经验的产物,也是约定俗成的。而你指着桌子说这是"桌子"的时候,便是名与实在相互结合。自然界里面是有无数实的存在,在人的思维上需要用心感受加工以后,再用一系列的名的组合去分别描述,而这个描述也是有详略之分、有完整和不完整之分的。

行为的知识,就是如何做一件具体事情的知识。这个很好理解,如婴儿在父母的教授之下,知道了该怎样吃饭。"吃饭"这个行为便是一件具体的事情。

(二) 墨家的"辩"

《墨子·小取》篇的大部分都是用来谈论"辩"的。会"辩"的人将能明辨是非曲直,审查治理祸乱的纪律,明晓相同和不同之处,还可体察名与实的道理,处理利害的关系,从而可以决断嫌疑。

墨家是在强调说辩的目的和功用,以及关于说辩的方法。在墨家的学说里辩是有七种方法的。第一种是"或","或也者,不尽也",其中的"或"表示特称命题,"尽"则表示全称命题;第二种是"假",表示假言的命题,也就是在此时刻,现在还没有发生的情况;第三种是"效",效是取法,所效便是能够取以为法的,若是原因和效相合便是真的原因,如果原因与效不合就不是真的原因,这便是效所应用的方法;第四种是"辟",辟的方法是用一事物来解释另一事物;第五种是"侔",侔是整体系统且很详尽地对比两个系列的问题;第六种是"援",援是援例,即由这一件事,推知那一件事,由这一个推知另一个;第七种是"推",推是将相同的东西像归于已知者那样,同样可以归于未知者,就是说先举个例子,某个事物与例子相同,那么和已知例子相同的事物,也必定如此。

本书重点解释效和推的方法,效要能够说明事物和原因之间的关系,推要用同类已知的事物推出同类未知的事物,所以效和推在墨家的

第二章 先秦时期的哲学

辩里面都是重要的方法，这和西方逻辑学的演绎法和归纳法十分相像。

这里还要解释一下墨家眼里的"故"，墨家认为有了"故"便能够让某一现象进而成为这一现象。所以墨家又将"故"分成了"大故"和"小故"。"小故"是必要条件，"大故"则是必要且充分条件。

参考现代的逻辑推理方法，如果想要弄明白，一个一般命题是真还是假，则要用事实和实验来检验证明。

另一种方法是推，推的方法可以用人皆有一死这个论断来说明。即，不管是过去、现在，还是未来的人都会死去，那么要证明这个论断，首先就要通过对于过去这一时间段的观察，发现过去的人都是会死亡的，进而用现在的理由来推断，发现现在的人也都是这样，那么就可以推断出来，未来的人也会有一死。

（三）兼爱

后期的墨家仍然继承和遵循墨子功利主义的传统，主张人类一切行为的目的便在于趋利避害，按照墨家的说法便是"利之中取其大，害之中取其小"。

墨子和后期的墨家也都赞同"义，利也"，利是义的本质。但是，墨子并没有说明什么是利的本质，而后期墨家给出了答案。后期墨家主张"利，所得而喜也""害，所得而恶也"。这样后期墨家也就为墨家的功利主义作出了享乐主义的解释。

后期墨家在对利下了定义之后，接下来在利的基础之上为各种道德也下了定义。忠在墨家眼里代表着利而强君，孝能够利亲，功则是为了利民，这里的利民便是"最大多数人的最大幸福"。

道德的目的是大多数人的最大幸福，这就像是人类社会，因为人都想得到快乐，但是总会有人是不快乐的，也就是痛苦的。因此，人们便归纳出道德来作为快乐和痛苦的标准。

依此类推，墨家同样也用在利之上的道德来区分，即它是使人快乐还是痛苦的。关于兼爱学说，后期墨家认为它最大的特点便是能够"兼"，也是"周"（与"兼"同义）。

其实关于"兼爱"来说，后期墨家最简单的推理是，如果一个人会爱他的孩子，以及他的亲人们，那么便不能说他是"爱"所有人的；但是如果这个人伤害了一些人，那么单凭这一点便可以证明他是不爱人的。

第四节　先秦法家哲学

西周的封建社会要根据两条原则来做事：一条被称为"礼"，另一条则被称为"刑"。礼作为一种不成文的社会规范，用赞赏或者贬低的意思来控制"君子"（贵族）的行为；刑则不同，它只适用于"庶人"或"小人"，也就是所谓的平民。

一、法家与韩非子

在讲述法家之前，我们需要对封建制度进行一个简略的描述，这样可以更加方便地理解法家的思想和学术内涵。①

周初的分封制度主要是在天子、诸侯之间进行的，诸侯对于卿大夫也有所分封，但是这种情况并不多，这远远没有像西欧中古时期那样复杂的封建等级。分封制带来了这样一个现象——册命礼。

册命礼是天子用来给诸侯分封的一种赏赐行为，天子因为某种原因来对诸侯进行分封，但是这并不是说诸侯取得了某一项成就而由天子赏赐，而是一种习惯，这并不能成为分封的条件。所以周初的分封是一种国家行为，周天子和诸侯的关系，就国家而言也就是上级与下级的关系，并非个人之间的关系。从这里我们可以看出，周天子其实并没有真

---

① 唐忠民.论韩非君本位法律思想的特征.[J].中南政法学院报，1988（3）：70-74.

第二章 先秦时期的哲学

正的统治权,而是天子和诸侯之间、诸侯相互之间,即使是到了卿大夫一级,也要依靠盟约而建立。所以,周代实行的是主权分割制度,并非个人之间的主仆关系。

到了春秋时代,周王朝势力衰微,而在各个诸侯国之间,兼并战争严重,所以诸侯国君和卿大夫之间的关系也就得到了加强,之后随着时代的发展,卿大夫个人的势力也在不断地加强,这样便会出现卿大夫和自己的下属势力不断加强,进而威胁诸侯国君的情况,于是出现了多层等级的连锁反应,在春秋战乱时期,便出现了下级对上级服务,效忠相较于西周时期会更加重要。

春秋时代的各国政体,大多是城邦组织,还保有着原始民主平等的许多残余。而且一国的国君是战争之中的最高军事指挥官,但是不一定在实际战争之中担任总指挥。国君如果遇到大的事情也需要召开贵族会议来讨论,这也可以被称为朝大夫会议。如果朝大夫会议(也就是贵族会议)也解决不了的话,那就应该召开国人会议,这被称为朝国人。当时国人在政治上也是十分活跃的,这和古希腊时期的平民差不多。

到了战国时期,封建的君主关系趋于瓦解,封建等级制也就日益败坏,各等级之间的流动变得日益频繁。君臣关系、主从关系都变得十分自由,人的流动性也在不断地加强,固定的封建纽带借此崩坏而瓦解。

新的情况就会产生新的问题,当时各诸侯国面对各种不同的情况,自孔子以来的诸子百家也在努力解决这样的问题,而且他们所提出的解决方案,大多在当时来看是不能实现的。各国诸侯不再实行周朝的礼乐制度,而是根据现实情况,着眼于解决他们面临的现状问题。笔者认为,就是理想和务实之间的关系。

而在当时,有一些人对于现实的社会情况是有着自己的深刻理解的,所以诸侯也常常会找这些人商量,让他们给出意见,如果他们的主张是行之有效的话,那么他们便会成为诸侯之间信任的顾问,有的人甚至会因此而成为宰相。

薪火相传：中国传统哲学及现代化简论

这样的人被称为"法术之士"，是因为他们的思想学说、方法以及建议，都是关于治理大国的法术。通过这些法术，能够为君主出谋划策，使国家权力渐渐高度集中于国君一人的身上。这些"法术之士"里的一些人将他们的法术理论化，进而作出理论的表述，这样便形成了法家的思想。

由此可见，把法家思想与法律和审判联系起来，是一种错误的观点。用现代的术语来解释，便是法家所讲述的是组织和领导的理论和方法。谁如果想要组织人民、领导人民，那么就会发现法家的理论和实践是很有效果的，所以这就导致"法术之士"通过帮助国君来领导人民，进行社会各方面的改革，从而使国君愿意去走极权主义的路线。

韩非是法家的集大成者，可以说韩非代表了法家的顶峰。下面先对韩非做一个简要的介绍。

韩非（约公元前280—公元前233），又称韩非子，战国末期韩国新郑（今属河南）人。中国古代思想家、哲学家和散文家，法家学派代表人物。

韩非集商鞅的"法"、申不害的"术"和慎到的"势"于一身，将辩证法、朴素唯物主义与法融为一体，为后世留下了大量言论及著作。其学说一直是中国封建社会时期统治阶级治国的思想基础。

韩非著有《孤愤》《五蠹》《内储说》《外储说》《说林》《说难》等文章，后人收集整理编纂成《韩非子》一书。

秦国在这些诸侯国中是最彻底地实行韩非学说的，但是比较讽刺的是韩非最终因为李斯和姚贾的陷害，被冤死在了秦国的监狱之中。

韩非可以说是法家最后的也是最大的理论家，在他之前，法家已经有三派，并且都有自己的思想学说。一派是以慎到为首的，慎到认为"势"是政治和治术的最重要因素；另一派是以申不害为首的，申不害强调"术"，并将"术"作为最重要的因素；再一派是以商鞅为首的，商鞅重视"法"。这三派思想学说中，"势"是指君主的权威和权力，以

第二章 先秦时期的哲学

加强其命令的力量;"术"是指办事、用人的方法和艺术,也就是一种政治手腕;"法"则是指法律和法制。

韩非认为,这三者都是必不可少的。他把明主看作天一般的存在,因为明主可以依法办事,公正无私;明主又像是鬼,因为他有用人之术,用了人,人还不知道是怎么被用的。这也是术的妙用。他还有权威、权力来加强其命令的力量。这便是势的作用。所以这三者"不可一无,皆帝王之具也"。也就是说,"法""术""势"三者都是缺一不可的,并且都是帝王要具备的。

二、历史哲学与治国之道

中国人常常都会尊重过去的经验,这种思维是受中国的社会大背景所影响的,也就是来自农业生产实践。农民是被固定在土地上面,并且被土地所控制的,他们要根据季节和时令的变化来开展农业活动,土地什么时候进行耕种都有一套传统流传下来的明确规定,也是因为这些过去的经验,他们在尝试新生事物的时候,也都要从过去的经验中汲取营养。

这种实践经验,对中国哲学的影响非常大,所以从孔子时代开始,多数的哲学家都在诉诸古代权威,并且要将其作为自己学说的本根。例如,孔子的古代权威是周文王和周公。当然,为了能够超过孔子,墨子就把其古代权威认定为传说之中的禹。孟子则将古代权威认定得更加遥远,回到了尧、舜时代。最后,道家为了能够更胜一等,将伏羲、神农视为其古代权威。

法家作为先秦最后的主要一家,历史观确实是一个例外。因为法家已经深刻地认识到了时代的变化,并且已经在用非常现实的视角来看待这样的社会发展现状,并没有去找寻古代权威,而是将当时的物质条件看作必然之基础,也就是说,思想学说要依托当时的时代背景而产生。

就法家以及韩非的学说而言,其首要的本体论寄托于现实的具体情况,这便是一种朴素的唯物主义,并且因为寄托于现实的具体情况,所

薪火相传：中国传统哲学及现代化简论

以一旦现实出现了全新的问题，那么就需要用全新的方案来解决，只有那些思想不知变通、顽固的人才会因循守旧。所以，韩非对此最经典的解释便是用一个故事所作的比喻，这个故事就是"守株待兔"。

《韩非子·五蠹》："宋人有耕者。田中有株，兔走触株，折颈而死。因释其耒而守株，冀复得兔。兔不可复得，而身为宋国笑。"

大意是宋国有一个农民，他家的田地里面有一根树桩，有一天，一只跑得飞快的兔子撞上了这根树桩，扭断了脖子便死了。于是这个农民便放下他的农具一直守在树桩的旁边，希望有一天能再次碰见这样的情况。但他没有再等到一只兔子，他自己却被宋国人嘲笑。

韩非的学说把历史看作发展变化的，这个学说对于古代历史遵循过去的经验来说，无疑是具有思想革命意义的。

当然，为了能够适应新的政治形势，法家也同样提出了新的治国理政思路。按照法家的思想，第一个学说是要立法，要发布公告，告诉百姓什么是应该做的，什么是不应该做的，而且这些法一经公布，君主就必须明察百姓的行为。因为只有他是有权势的，所以也就只有他才能够惩罚违法的人、奖赏守法的人。这样一来，无论有什么样的百姓和多少百姓都可以这样来做。

如果君主用这样的法、这样的势来治理国家，他便不再需要有特殊的才能和圣人一样高尚的情操，也不再需要是像孟子所说的那样首先是一个道德高尚的圣人，已经"内圣"以后进而"外王"。治理国家不再依靠个人的影响力，而是要依靠一套严密的法规和君王的权势。

这里还值得思考的是，其实并非所有人只要运用韩非所提出的思想便可以成功，他的思想对于君主个人的要求也是很高的，而且这对于君主个人来说也是相当具有考验性的。但是法家认为，君主是不需要亲自做一切事情的，他只要有术，也就是法家高明的用人之术，就可以得到适当的人来代替他做这些事情。

其实关于法家"术"的概念是具有哲学基础的，因为它也是固有

第二章　先秦时期的哲学

的正名学说的一个方面。法家用"术"这个名词来为其表示的正名学说"循名而责实"。

"实",法家指担任政府职务的人;"名",便是这些人的头衔。这些头衔则指明担任各个职务的人应当按照自己的"名"合乎理想地做事情,所以"循名而责实"是指要让这些具有头衔的人做到这些头衔应该做的事情,并且他们还要承担职务责任,将事情做得合乎理想,做得圆满。

而通过法家的"名"和"实"可以看出,君主的责任是将头衔(特殊的名)加在某个可以这么做的人身上,也就是把职位授予他。而这个职位的功能,其实是已经由法律规定好的,也由其头衔指明无误,所以君主也就不再需要,也不应该再为这些事情操心。

通过任务完成的好坏,君主对其的赏罚也按照这个任务而定。任务完成好的,君主便奖励;任务没有完成的,君主便要惩罚。法家认为,君主要按照这样的规则来做事情。

君主对于什么人能承担什么样的职务,在法家看来要用术来解决。也就是君主在赏罚分明的前提下,按照任务完成情况进行公平的赏罚,那么不称职的人自然而然就会被淘汰掉。

君主的赏罚便是君主的权力,赏罚之所以能够有效,是因为法家所提倡的趋利避害。在这里,其实也能够推理出韩非和他的老师荀子一样,是提倡人性本恶的。和荀子不同的一点是,荀子强调人如何能够从恶变成善,也就是通过儒学方法,而韩非却对人怎么能够变好不感兴趣。在韩非和法家的其他代表人物看来,人性要能够保持着本来的样貌,法家才可以更有效地治理国家。

从上述内容来看,法家所提出的治国之道,是建立在人性可以一直保持本来样貌这种假设上的,也即遵循了荀子的人性本恶的观点。

第三章　两汉时期的哲学

第三章 两汉时期的哲学

第一节 贾谊的"儒道相融"思想

一、人物生平

贾谊（前200—前168），汉族，洛阳（今河南省洛阳市）人，西汉初年著名政论家、文学家，时称贾生。贾谊少有才名，18岁时，以善文为郡人所称。文帝时任博士，不久迁太中大夫，好议国家大事，为大臣周勃、灌婴等排挤，贬为长沙王太傅，故后世亦称贾长沙、贾太傅。三年后被召回长安，为梁怀王太傅。梁怀王坠马而死，贾谊深自歉疚，抑郁而亡，时仅33岁。司马迁对屈原、贾谊都寄予同情，为二人写了一篇合传，后世因而往往把贾谊与屈原并称为"屈贾"。①

贾谊的散文和辞赋在汉朝时候是相当出名的，主要文学成就是政论文，评论时政，风格朴实峻拔，议论酣畅，鲁迅称之为"西汉鸿文"，代表作有《过秦论》《论积贮疏》《陈政事疏》等。其辞赋皆为骚体，形式趋于散体化，是汉赋发展的先声，以《吊屈原赋》《鵩鸟赋》最为著名。

二、儒道相融的思想

贾谊在中国哲学史上的主要成就便是儒道相融的思想，下面首先看

---

① 《汉书·贾谊传》：是时，谊年二十余，最为少。每诏令议下，诸老先生未能言，谊尽为之对，人人各如其意所出。诸生于是以为能。文帝说之，超迁，岁中至太中大夫。

贾谊的儒学思想。①

（一）儒学思想

西汉初期，贾谊打破了汉文帝时期黄老之学休养生息的政治论调，将儒学推到了政治前台，并且制定了仁与礼相结合的政治蓝图，汉文帝对此也非常重视。

贾谊吸取了秦灭亡的教训，认为汉朝若要维护长久治安和统治，就必须施仁义、行仁政。与此同时，贾谊的仁义观里还包含着强烈的民本思想。贾谊认为民在国家的治国安邦之中起到了举足轻重的作用，所以，贾谊的仁义观是以民本思想为基础的，这对孔孟的儒家之学来说又是一个新的突破。

贾谊的仁义观的主要思想内容便是爱民，也就是说，贾谊认为只有爱民才可以得到人民的爱戴。

贾谊在对历史的研究过程中，同时对当时汉朝的社会现实情况进行了深入细致的考察。贾谊认为，在汉朝表面平静的社会表层之下，暗流涌动，各种矛盾和危机正在悄然来临。当时的汉朝既有内忧也有外患，农民暴乱，诸侯王即将来临的割据和反叛，都对汉王朝的统治阶级和中央集权产生了严重的威胁。除此之外，因为长久的社会安定，此时皇室贵族的奢侈之风也日渐严重。因此，种种的社会情况让贾谊感到汉朝的中央集权面临危险，所以贾谊通过仁和礼，为汉朝提出了一个仁以爱民、礼以尊君的忠君爱民的儒家式的统治模式。

然而，贾谊其实并非一个完完全全的儒家学子，其哲学思想中还包含法家的思想。

---

① 李晓英.先秦儒道对"德""道"的诠释[D].开封：河南大学，2007.

第三章 两汉时期的哲学

(二) 法家思想

为了解决上述汉朝初年面临的社会矛盾,尤其是汉朝中央集权统治与分封的诸侯王日渐严重的矛盾,贾谊提出了用法家的权术势的思想来解决这些问题。

在贾谊看来,广施仁义是就广大百姓而言的,而对于封邦建国、权力日渐增大的诸侯阶层来说,则要依靠权势法制,想让诸侯各国都信服于中央集权,就要做到恩威并施。

法家的思想主要是针对诸侯阶层,其目的不言而喻,就是防范各诸侯国对汉朝中央集权统治产生威胁。

(三) 道家思想

贾谊在《道德说》中借助汉初非常流行的老子的学说,试图为儒家的道德论寻找一个宇宙观的基础,表现了汉儒自陆贾以来自觉地吸收其他各家的思想以充实儒家思想体系的新动向。

贾谊认为,世间万物都是由德而产生,而德是由道生出来的。道是宇宙万物的最终本源,而德是宇宙万物的直接本源。贾谊试图用老子的道德学说来为儒家的道德伦理提供依据,这种汲取道家的思想因素为儒家的道德伦常进行形而上的哲学论证,为后来董仲舒全面吸收道家学说以重构儒家思想体系提供了可以参考的思想资料。

第二节 董仲舒的"天人感应"思想

汉朝不仅取代了秦朝,也在许多方面继承了秦朝。可以说,汉朝巩固了秦朝首次实现的统一。秦朝的李斯希望只有一个天下,便要从思想层面上进行压制,因此除了医药之类的实用技能之书免于焚烧外,其他

· 087 ·

书籍全部都要焚烧干净。李斯认为这有助于思想的统一。

可是，这样残暴的做法，不仅涉及思想方面，而且包括政治等诸多方面，最终导致了秦王朝的迅速覆灭。到了汉朝，大量的古典文献和"百家"著作又一次再现人世间。汉朝的统治者虽然不赞同前代的残暴做法，但是他们也认为，国家的统治需要在思想上进行统一。于是，汉朝便进行了统一思想的第二次探索。

董仲舒认为，要想维护政治上的大一统，就需要在思想上进行统一，从而提出了"罢黜百家，独尊儒术"的建议。汉武帝采纳了董仲舒的建议，正式宣布儒学成为国家官方的学说，六经在其中占统治地位。

下面先介绍一下董仲舒其人。

一、人物生平

董仲舒（前179—前104），广川（今河北景县西南）人，西汉儒家今文经学大师。汉景帝时任博士，讲授《公羊春秋》。汉武帝元光元年（公元前134年），汉武帝下诏征求治国方略，董仲舒在著名的《举贤良对策》中把儒家思想与当时的社会需要相结合，并吸收了其他学派的理论，创建了一个以儒学为核心的新的思想体系，深得汉武帝的赞赏。他系统地提出了"天人感应""大一统"学说，其"诸不在六艺之科、孔子之术者，皆绝其道，勿使并进""罢黜百家，独尊儒术"的主张被汉武帝采纳，使儒学成为当时中国社会正统思想，影响长达两千多年。其学以儒家宗法思想为中心，杂以阴阳五行说，把神权、君权、父权、夫权贯穿在一起，形成帝制神学体系。

董仲舒提出了天人感应、三纲五常等重要儒家理论。其后，董仲舒任江都易王刘非国相十年；元朔四年（公元前125年），任胶西王刘端国相，四年后辞职回家，著书写作。这以后，朝廷每有大事商议，皇帝即会下令使者和廷尉前去董家问他的建议，表明董仲舒仍受汉武帝尊重。

第三章 两汉时期的哲学

董仲舒一生历经三朝,度过了西汉王朝的极盛时期,公元前 104 年病故,终年 75 岁。死后得武帝眷顾,被赐葬于长安下马陵。

董仲舒幼年极为好学,因家有大批藏书,年少时便熟读各种文学经典书籍。到了 30 岁,他开始大量招收学生,传授儒学。汉景帝时,董仲舒任博士一职,掌管经学讲授。

汉武帝继位后,通过举荐,董仲舒参加了策问(汉代被举荐的吏民经过皇帝"策问"后按等第高下授官,有所谓"对策"和"射策"之分)。汉武帝连续对董仲舒进行了三次策问,基本内容都是围绕着天人关系展开,所以又称为"天人三策"。

董仲舒在对策中,详细阐述了天人感应,论述了神权与君权的关系,并提出了"罢黜百家,独尊儒术"的建议。①

二、天人感应

董仲舒在秦汉之际的历史背景下,将阴阳五行学说糅合到儒家思想中,提出了天人相类的天人合一,也就是"天人感应"。

董仲舒的天人感应强调了核心观念"类",其包含着像、似、类比、类推的意思。天人感应的大前提便是天人同类。所以,从认识论方面来看,董仲舒主张通过类比这样的认识方法来认识事物。

董仲舒认为,世界上的万事万物都是彼此相互沟通的,天和人可以进行沟通的关键,在于同类相动,以类度类。

所以"类"是世界万事万物可以进行沟通的桥梁,通过"类"可以建立起天和人相互沟通的关系。而且,董仲舒认为天、地、人本身便是一体的,所以人的身上是存在天的性质的,因此天、地、人之间存在性质、本质和品格上的类似和相通之处,找到了这样的类似和相通之处,就找到了天、地、人的"类"。

---

① 成中英.析论董仲舒的天人感应论[J].衡水学院学报,2022,24(3):3-7,119.

薪火相传：中国传统哲学及现代化简论

　　董仲舒还利用阴阳五行学说作为触发感应的发生机制。由于"类同相召，气同则合，声比则应"（物类相同便会互相吸引，气味相同则会互相投合，声音相同就会互相应和），那么类属于阳的事物，便会由阳之气来引发；与此同理，类属于阴的事物，则会由阴之气来引发，所以阳对于阳的东西有作用，阴对于阴的东西有作用。

　　而在董仲舒的哲学里，感应的媒介来自两个方面：一方面是上述的阴阳之气，另一方面则是人的性情。这两个方面会促成天人感应发生。

　　在董仲舒的理解里，阴阳和人的性情相对，就是天的阴阳是和人的性情相合的。因为有了阴阳之气，所以世界的万事万物（从这里可见，董仲舒的本体论包含了人与自然一体的神学世界）可以互相感通，而且要经由人的性情而去呼应，使世界上的万事万物之间的感通得以完成。不只是人有性情，自然万事万物也有性情，这样物与人之间便也可以应和。①

　　将物拟人化，同时具有了人的情感，说明要想促进天与人之间的关系，便要赋予万事万物以人的情感和性情，这样才能够让事物和人之间建立起感应的联系，而且感应其实并不是神秘的，而是由情感出发、推动和作用产生的。感应的媒介是阴阳之气和人的性情，那么情和气的关系就可以看作事物沟通的桥梁。董仲舒认为，人的喜怒哀乐与天的冷暖寒暑是一致的，这也印证了人的性情等同于天的阴阳五行。

　　而且，董仲舒的天人感应理论认为，人的欲望是要有节制的，但不能完全地禁止。"节之而顺，止之而乱"，要有限度地进行节制，而不要完全禁止，如果完全禁止的话，那么其结果便会产生大乱。

　　董仲舒借助阴阳五行学说确定了天有其意志，还认为人本于天，人副天数，人和天气自然是一一对应的。例如，头发像是星辰，耳目像是日月，鼻口呼吸则像是风气。此外，天还通过自然灾害等反应来告诫人

---

① 吕芳. 董仲舒"天人关系"与墨子的关联：兼谈汉代学术思想的融合性[J]. 聊城大学学报（社会科学版），2022（3）：65-75.

们，这是一种明确的以"天"压人的思想。

第三节 王充的"气一元论"思想

一、人物生平

王充（27—约97），字仲任，会稽上虞（今浙江绍兴市上虞区）人，东汉思想家。

王充出身"细族孤门"，自小聪慧好学，博览群书，擅长辩论。后来离乡到京师洛阳就读于太学，师从班彪。常游洛阳市肆读书，勤学强记，过目成诵，博览百家。为人不贪富贵，不慕高官。曾做过郡功曹、治中等官，因政治主张与上司不合而受贬黜。后罢官还家，专意著述。晚年，汉章帝下诏派遣公车征召，不就。汉和帝永元年间，卒于家中。

王充是汉代道家思想的重要传承者与发展者。其思想以道家的自然无为为立论宗旨，以"天"为天道观的最高范畴，以"气"为核心范畴，构成了庞大的宇宙生成模式，与天人感应论形成对立之势。他在主张生死自然、力倡薄葬，以及反叛神化儒学等方面彰显了道家的特质，并以事实验证言论，弥补了道家空说无着的缺陷。其思想虽属于道家却与先秦的老庄思想有严格的区别，他虽是汉代道家思想的主张者却与汉初王朝所标榜的"黄老之学"以及西汉末叶民间流行的道教均不同。

王充的代表作品《论衡》，有八十五篇，二十多万字，分析万物的异同，纠正了当时人们的疑惑的地方，是中国历史上一部重要的思想著作。[1]

---

[1] 邱锋.历史与逻辑：王充史学观念探微[J].天津社会科学，2022，3（3）：138-146.

二、"气一元论"

东汉时期，谶纬之学仍然十分盛行，但是此时道家的自然主义也有所发展。也就是在这样的背景之下，王充吸收了道家自然主义的观点，批判了天人感应、谶纬之学和阴阳学说。

王充深受道家学说的影响，他和老子一样，强调自然无为。王充的本体论将世界万事万物之根本看作"元气"，而且是不包含道德意义的自然属性之天所创造的，这里可以看出王充从本体论上便反对了董仲舒的包含人性情的道德之天。在这里，王充认为婴儿出自父母，那么人是因为"元气"而诞生，所以他认为董仲舒的天人感应学说是不正确的。王充的这种思想对于当时儒家以"天"压人的思想是一个很大的冲击。

并且，王充对于桓谭的形神学说（中国古代朴素的唯物主义论，认为精神是依赖于形体的，形体对精神起决定作用）也是相当认可的。所以，王充认为人诞生的原因是"精气"，人死那么"精气"也就消失了。因此，王充将精神看作可以离开人的身体而存在的客观实体，这样来看，王充的思想似乎包含着主客二分关系的思想。

对于知识的求取，王充认为要通过感官和被认识对象进行接触，这样才能够求得知识，所以在求取知识方面，也可以说在认识论方面，王充反对人生下来就有知识的观点（"生而知之"的观点在东汉时期，谶纬之学流行的时代相当盛行，是一种神学的反映）。王充还十分反对复古主义，主张今胜于古，他甚至问孔刺孟，反对儒家的礼教。

王充认为，世间万事万物，包含人在内，都是由"气"构成的，那么，"气"便是一种统一的物质元素。再详细一点来说，"气"是有阴阳之分的。有有形的气还有无形的气。人、自然的万事万物都是由"元气"所构成的，人死便会复归于元气，这是一个自然而然发生的过程。

由"气"这个物质性的元素出发，万物的生长便在"元气"的基础之上进行自然之化。世间的一切和自然的万事万物都是由同一的在宇宙

第三章 两汉时期的哲学

之中的"气"所形成,并且是在运动的过程之中形成的。这颇有一些韩非的历史运动说的意味。

人和其他的自然万事万物所不一样的是,人知道饥寒饱暖,所以人和所食的五谷杂粮不是上天有意创造出来,而是上文中的自然之化。

从《论衡》一书里面可以得出王充的本体论思想包含宇宙观的思维,而且王充的"天"是自然之天,否定了董仲舒的天人感应,这是一种自然主义的宇宙观:"天地合气,物偶自生矣。"所以,这样的宇宙观要求人只能利用自然,要受到自然的支配。但是,王充仍然是反对"天人感应"的,并且批判神学的观点。

王充"气一元论"的哲学思想主要体现在以下几个方面。①

第一,"天"是自然无为的。这一点在上文论述中也可以体现出来,但是笔者在这里再作一次强调,因为将"天"认为是自然无为的这种朴素的唯物主义思想,在中国长期的"道德之天"里面很是少见,而且可以从中看出,王充的"天"是和董仲舒的"天"所相对的。董仲舒的天是有道德意志,可以进行天人感应的"天";而王充这样的自然的"天",虽然将其归结于是由"气"所创造出来的,但是这对于中国传统哲学史来说不可谓不是一大进步。

第二,"人"也是自然的。"天"是自然的,那么人也是自然的,因为上天创造人的时候,和万物都是平等的,并没有什么企图,所以从这个观点来看,"天"和"人"都具有自然属性,因此董仲舒的天人感应在王充的观点里不会成立。而且对于整个包含宇宙观的王充的本体论来说,天和人正因为具有了自然属性,董仲舒的"类"也就消失了,而王充的哲学思想,在关于人和自然万事万物都是平等的这一方面,对当前"后哲学时代"提倡天和人要和谐相处的观点,也颇具有重要的借鉴价值。

第三,新形神论。神灭无鬼,便是对于当时汉朝所流行的谶纬之学

---

① 钱志熙.王充《论衡》疾虚妄的生命思想[J].浙江社会科学,2022(3):121-130,160.

· 093 ·

薪火相传：中国传统哲学及现代化简论

的神学观念进行的批判，从元气论出发，王充将之前朝代的学说进行了综合，结合以前的形神论提出了"神"不能离开"形"而独立存在，从此出发认定神灭无鬼，以此反对灵魂不灭论、人死为鬼论等。王充认为，人是从自然万物中成长出来的，并且人超过自然万事万物的原因是人有"精神"，这个"精神"来自"精气"。"精气"和人的身体是共同存在的，并且精神依赖形体而存在，如果人一旦死亡，那么精气也就会随之消失。上述论断可以较为清楚地展现王充的"形"和"神"的关系。自此一直到魏晋南北朝时期，诸多中国哲学家、思想家也都继承了王充这一派的思想，并且纠正了王充的形神论的某些缺陷，以此来反对佛教的因果报应论。

第四，命定论。王充从元气论进而发展出了命定论。王充的"命"，和今天所说的"宿命""命运"很是相像。"命"对于人的整个一生起着支配作用，是一种无论怎么努力也无法改变的结局，在这里听起来颇有一些玄学的意味，但是实际上除了个人的努力以外，人生是一种其他诸种因素的命运的集合。① 其实命定论的相关说法早在汉初就已经出现，但是对于命定论的系统总结却是到了王充这里才实现的。在王充眼里，人的一切大事都是由"命"所决定的，并且"命"的决定性作用将会影响人的一生的方方面面。王充的命定论推导过程是这样的：人在出生之前便已经受到了自然之气的影响（自然之气有厚薄，代表着这个人的福气大小），所以人的一切方面就已经由先天决定了。从现代的科学观点来看，人的一生似乎和生物遗传学相关。不过，王充的命定论还是片面的，因为人也会受到后天环境的影响，并且处于不断改变的过程之中。而命定论的主要矛头所指仍然是天人感应论，也就是说，人的命运是先天所决定的，那么人和天就不再会发生感应，这也就从根本上否定了天和人在人出生之后可以相互感应的说法。所以，在对于东汉时期流行的

---

① 吴秉勋.王充思想新探：从《论衡》的"合"概念诠释其"命定论"[J].青年文学家，2020（35）：87-88，91.

谶纬之学的否定，以及在批判天人感应论的种种表现方面，王充的命定论也起到了积极作用。

王充对于"命"的系统总结，为后世六朝时期开了讨论命运风气的先例。而六朝时期在这方面最有影响的学者当推南朝的刘孝标。刘孝标在命定论方面所作出的贡献在于给后人留下了更多的可能性，这也是对王充命定论的补充和发展。

第四节 桓谭的"烛火"思想

一、人物生平

桓谭（约公元前23—56），字君山，沛国相（今安徽濉溪西北）人，东汉哲学家、经学家、琴师、天文学家。

桓谭爱好音律，善鼓琴，博学多通，遍习五经，喜非毁俗儒。哀帝、平帝间，位不过郎。王莽时任掌乐大夫。刘玄即位，诏拜太中大夫。光武帝时，任议郎给事中。因坚决反对谶纬神学，"极言谶之非经"，被光武帝目为"非圣无法"，险遭处斩。后被贬，出任六安郡丞，道中病卒。他把烛干比作人的形体，把烛火比作人的精神，提出"以烛火喻形神"的有名论点，断言精神不能离开人的形体而独立存在，正如烛光之不能脱离烛体而存在一样。

二、"烛火"思想

光武帝刘秀在当时正在迷信谶纬之学，所以时常用谶书来解决现实问题。其实谶书或者谶记是预言未来事象的文字图录。光武帝刘秀从起兵开始，便以谶纬之学来拉拢人心，进而巩固其统治。桓谭针对这个现象写了《抑谶重赏疏》，鲜明地表达了反图谶迷信思想，以此劝谏光武帝。

薪火相传：中国传统哲学及现代化简论

桓谭认为，谶纬的预言可能会偶尔符合事实，但是不应全部相信。虽然当朝统治者对其深信不疑，但是桓谭身上表现出了对于整个占卜思想的否定，从此可以体现桓谭对于自己学说的坚信，以及他不畏强权的精神。

桓谭还反对灾异迷信。他认为天下的自然灾害，只要是明君，有好的臣子并且加以治理便都可以逢凶化吉。虽然天人感应的思想在桓谭的思想学说里面仍有所体现，但是对于中国传统哲学来说，这仍然是具有进步意义的，并且，我们以此也能够看出桓谭的思想具有唯物主义倾向。

从批判谶纬之学开始，桓谭提出了形神论的相关看法，并且提出了"烛火"思想。桓谭著《新论·形神》篇专论形神关系，对战国以来社会上流行的神仙方术迷信思想严肃地进行了批判。

从战国时期到汉朝，统治者都在幻想着能够长生不老，这样便可以继续在世间享受荣华富贵，所以那些专门从事星占、神仙、房中、巫医、占卜等术的人，便投其所好，提出了一系列关于长生不老的思想观点。其大意是，人可以通过内在修养结成内丹和外在服用丹药便可以保持寿命与天齐。

但是桓谭对这种思想保持否定的态度，在桓谭的眼里生死是自然规律，是不可违背的，而且这些长生不老的思想也都是迷信和妄想。

这些迷信谶纬之学的人对外宣传精神和形体是两个概念。精神是在形体之外独立存在的，并且对于形体来讲也起着决定性的作用，所以人是可以通过各种方法保持精神，进而实现长生不老的。

于是，桓谭对于这样的"形"和"神"的观点提出了自己的见解。他认为精神是依赖于形体的，所以形体起着决定性的作用。从这里便可以看出，桓谭的思想具有唯物主义的倾向，也就是说，桓谭的本体论是建立在客观物质条件的基础之上的。

桓谭的形神论是唯物主义的，批判了当时精神可以离开形体而独立存在的唯心主义，并且桓谭和王充的思想也很接近，尽管"烛火"论具有一定的局限性，但是它在中国哲学史上的贡献却是相当大的。

第四章　魏晋玄学

第四章 魏晋玄学

第一节 魏晋玄学的形成及其特征

魏晋南北朝时期,社会动乱,朝代更迭频繁。由于两汉的统一秩序瓦解,门阀贵族、士族这样的阶级也在不断地遭受政治斗争的威胁。上层阶级尚且如此,下层百姓的生活就更加艰难。由于长期饱受战乱之苦,百姓安稳的生活被打破,广大人民生活在了水深火热之中。①

魏晋南北朝时期是一个充满着危机、人人自危的乱世时期。目睹着如此悲苦的社会现状,普罗大众悲观厌世、逃避现实的心态成了当时社会思想的主流。原本在汉朝处于独尊地位的经学,其社会影响力也逐渐消退,因为其所宣传的伦理道德思想都受到了挑战,知识分子不再接受伦理纲常的束缚,反而追求自由放任、不受拘束的生活,这就形成了追求思想解放的潮流。在此背景下,玄学开始兴盛。

玄学最先出自老庄,其主要内容便是研究老子、庄子和《易经》。老庄之说在第一章已经做了简要解释,所以在这里主要讲一下《易经》。

《易经》是阐述天地世间万物变化的古老经典,是一本博大精深的辩证法哲学,包括《连山》《归藏》《周易》三部易书,其中《连山》《归藏》已经失传,现存于世的只有《周易》。

老庄之学和《易经》讨论的问题是"有""无",即一种思想认为天地万物都是以无为本,无能生有;而另一种思想认为"有"是自己产生的,不需要虚无作为万事万物之本原。它们其实谈论的是哲学的本体

---

① 罗彩.魏晋玄学对儒学的"接着讲":以王弼、郭象的圣人观为例[J].现代哲学,2022(3):155-160.

论,另外也注重名教和自然的关系,其中很多人都在调和儒道,认为名教是末,自然是本,名教是自然的表现。说到这里,笔者简单介绍一下名教。

名教,一般指以正名分、定尊卑为主要内容的封建礼教和道德规范。从通俗意义上来理解,名教便是关于传统儒学所言的伦理纲常的学问,将社会划分等级,讲究人与人之间的尊卑关系,以及儒家所提倡的伦理道德等约束。魏晋时期出现了著名的"名教与自然之辩"。①

因为在魏晋士子的眼中,孔子代表着"贵名教",老子代表着"明自然"。对名教、自然以及二者关系的认识有个发展的过程。魏晋时期,由于其战乱不断的社会残酷现状,以及司马家的白色统治,便会出现"名教"与"自然"的关系争辩问题。

魏晋玄学的"名教与自然之辩",主要的理论倾向是儒道之间的矛盾(也就是名教和自然)。在魏晋时期,夏侯玄首先提出了调和名教与自然的关系,其认为天地这些本身存在于世间的山川景色、星河变幻都是自然发生的,圣人的作用也是合乎自然的。儒家的圣人也要遵循自然规范,这样才算得上是合乎自然。

王弼将名教与自然的关系纳入自己的"以无为本"的哲学体系中。中国魏晋玄学的"贵无论"有一个核心观点,就是王弼的"以无为本"的思想。晋人在评述玄学"贵无论"特点时说:"天地万物皆以无为本。无也者,开物成务,无往而不存者也。"(《晋书·王衍传》)何晏在《道论》中说:"有之为有,恃'无'以生;事而为事,由无以成。"

"本"主要是相对于"末"而言,"末"指万有,也就是天地万物。"以无为本",也就是说,"无"是天地万物所生成的本原或者根据。它主要包含三个方面内容。

第一,"无"作为万物之"本",代表着自然无为,也就是说,世

---

① 刘飀娇."至理"与"无名":王弼名教革新思想探析[J].中国哲学史,2022(3):100-107.

第四章 魏晋玄学

界是从无形里演化而来的,没有存在的实体,万物也是从这里开始,但是并不知道其本来的样貌;天地任由其自然而然地发展,既没有形状,也没有造诣,万物是通过自己的运行而相互治理,所以没有仁义这般的纲常伦理道德。应该说,自然本来就有其产生的模样,而世间的万事万物都有一套自身运行的规律,而不应该由人的意志去改变。

第二,一切具体的事物都具有质和量的规定性,因此都是有限的、相对的、变动不居的,而作为万物之"本"的"无",则没有形状,没有名称,没有任何规定性,因此都是无限的、绝对的、永恒的。

第三,"有"也绝对不能离开"无"这个"本","母"为"无","子"为"有",因此必须做到以无为本,才能够将事物的运行规律为人所掌握和了解。

"以无为本"的提出,反映了魏晋玄学在哲学理论方面的抽象思维能力的提高,它对宋明理学"理为气本"的理论有一定影响。

魏晋南北朝时期佛教和道教也得到了很大的发展,社会生活的苦难和悲观厌世思想的流行为宗教的传播提供了相当大的便利。佛教向这些在现实生活之中的普罗大众提供了一些神化的救世主形象,向这个时代的知识分子提供了精妙的思辨哲学,所以其传播非常快。南北朝时期的君主大都被佛教玄妙的思想所折服,纷纷宣扬佛教。例如,著名的梁武帝舍身佛教。

其实佛教原本就是在普罗大众之间流行的,它和农民起义相结合,就让在位的统治者十分不满意。后来道教经过北方的寇谦之和南方的陆修静对道家思想进行系统的整理,逐渐规范化、条理化,满足了统治阶层的需要,所以其大规模发展了起来。道教的经典书文大量出现,形成了一些相关联的理论。

下面简要解释一下寇谦之和陆修静的道教改革,以便于读者能够更好地把握中国哲学在这个阶段的融合和转向。

两汉时期,道教其实还处于婴儿时期,刚刚发展起来。东汉末的黄

薪火相传：中国传统哲学及现代化简论

巾起义，就是以道教作为发动群众的工具的。黄巾起义失败以后，原始的道教随之发生了变化，其中，一个流派以浮水道术为人"消灾灭祸"，继续在民间进行交流和传播；另一个流派专门以炼丹和修仙为主要任务，在统治阶层中广为传播。南北朝时期是道教进一步充实和完善的时代，也是道教走向成熟的时代，出现了众多的道教改革家和理论家，他们的活动对后世道教同样产生了重要的影响。

对北方天师道（五斗米道）进行改革的代表人物是北魏著名道士寇谦之。据《魏书·释老志》载，寇谦之"少修张鲁之术"，作为五斗米道教徒的寇谦之，后来又拜师成公兴，跟随其去嵩山修炼，隐居在石室里面，取食草药。北魏太武帝主张利用汉人治理国家朝政，于是得罪了部分鲜卑贵族，太武帝迫于社会舆论，让崔浩暂时辞官。

这时，崔浩便想借助寇谦之的道教之力，影响太武帝继续实行汉化的主张。于是，崔浩极力上书推荐寇谦之。寇谦之在宫中讲经论道，深得太武帝的器重。寇谦之居"帝师"之位，宣称遵从老君训诫改革天师道，同时考虑到北魏治国必须用儒学，而自己不擅儒学，而崔浩"博览经史，阴阳五行，百家之言，莫不精通"，便去求助。经过寇谦之改革，道教摆脱了原始宗教的粗陋和浅薄，得到北魏朝廷的支持，从民间信仰进入朝廷殿堂，寇谦之也成为一代宗师。由此，北方天师道被称为新天师道或北天师道，在北方大为兴盛。尽管寇谦之自己在儒学方面有不足之处，但崔、寇二人用儒道治国的方略在朝中还是逐渐得到了落实。

继寇谦之之后，南朝刘宋时，又有庐山道士陆修静，对南方的天师道进行了改革。

陆修静自少便学习儒学，到了年长的时候弃家去了云梦山隐居修炼仙道。宋明帝时期，他将自己收集整理的道书加以修缮，进而鉴定其中经戒、方药、符图等1228卷，分为"三洞"（洞真、洞玄、洞神）。[①]

---

① 赵海军.从"杂糅黄老"到"孔老会通"：汉魏新道家探微[J].理论月刊，2019（4）：42-50.

第四章 魏晋玄学

宋泰始七年（471年），陆修静又编写撰定了《三洞经书目录》，该著作成为我国最早的道教经书总目，奠定了后世纂修《道藏》的基础。他还在总结天师道原有的各种斋仪的基础之上，进一步完善了道家的斋醮仪范，以适应道教发展的需要。陆修静编撰有关斋醮仪范的著作多达一百余卷，基本上完成了道教的科仪。这不仅充实了道教理论，而且制定了一套仪规，使道教更具宗教形式。同时，陆修静还对组织制度方面提出了一套较完整的方案，如进一步健全"三会日"制度，建立和健全道官祭酒依功受禄和按级晋升制度，始创服饰规范，等等。经陆修静改革后的南方天师道被称为南天师道。

从上文寇谦之和陆修静的改革便可以看出，道教在这个时期确实在为统治者服务，也就是说，道教最后的系统化、规范化、礼仪化离不开统治者皇帝的帮助，以教为国之宗旨的现象也很常见。

但是，需要注意的一点是，佛教和道教的流行会与儒学产生相当程度的冲突，特别是西来的佛教不去拜君主和至亲，这就和中国传统的伦理纲常、长幼之序相互冲突。于是这引起了这三家学派和当时的学生士子长久的争论。其中最为著名的，是范缜针对佛教宣传因果报应的神不灭论，提出了人身死而神灭的神灭论。

一般来说，南朝的儒家和佛道斗争会采用理论和辩论的方式，再严格一点是采用行政命令的手段。但是北朝则要激烈得多，发生了两次大规模的灭佛事件，第一次是北魏太武帝时期的诛杀佛门，这是上文寇谦之的道教大力形成规范系统的情况之下发生的；第二次是北周武帝下令灭佛兼毁道，并且还将大量佛教徒改为农民，没收佛教寺庙的大量土地以用于耕种。这对于发展中的佛教来说是一个沉重的打击。

不过行政手段和暴力并不能改变普罗大众思想深处的信仰，在受到沉重打击之后，佛教依旧流行。在这样的斗争之中，儒、佛、道三家也在互相吸收彼此的思想理论，进而逐渐融合。

由此可以看出，中国哲学在魏晋南北朝这一发展时期不断地进行哲学思想的深度交流。文学史上有一句话叫作"国家不幸诗家幸",这句话放在哲学史里也同样适用。因为战乱时期,国家动荡,会催生出更多的士子和学子对这个社会现状进行深度的思考,也会将更多的宗教学派汇聚起来,让普罗大众去信仰,所以这一时期,对于中国哲学史来说,各个宗教学派可以不断地吸收、借鉴其他学派的理论,进而形成自己的思想体系。

第二节　何晏、王弼的"贵无"思想

一、人物

何晏(约190—249),字平叔,南阳宛县(今河南南阳)人,三国时期曹魏大臣、玄学家,东汉大将军何进之孙(一称何进弟何苗之孙)。

何晏之父早逝,司空曹操纳其母尹氏为妾,他因而被收养,为曹操所宠爱。少年时以才秀知名,喜好老庄之学,娶曹操之女金乡公主。魏文帝在位时,未被授予官职。魏明帝认为何晏虚浮不实,也只授其冗官之职。大将军曹爽秉政时,何晏与之共事,得以累官至侍中尚书,典选举,封列侯。高平陵之变后,与大将军曹爽同为太傅司马懿所杀,被夷灭三族。

何晏有文集十一卷,并曾与郑冲等共撰《论语集解》。钟嵘《诗品》称"平叔鸿鹄之篇,风规见矣"。将何晏诗列入中品。袁宏在《名士传》中将何晏等称为正始名士。他与夏侯玄、王弼等倡导玄学,竞事清谈,遂开一时风气,为魏晋玄学的创始者之一。

接下来再来看何晏的好友王弼。

王弼(226—249),字辅嗣,山阳(今河南焦作)人,三国时期曹

第四章 魏晋玄学

魏经学家、哲学家,魏晋玄学的代表人物及创始人之一。

王弼明察聪慧,爱好老子,通辩能言。曾任尚书郎,文名盖世,其作品主要包括解读《老子》的《老子注》《老子指略》及解读《周易》思想的《周易注》《周易略例》四部。其中《老子指略》《周易略例》是王弼对《老子》《周易》所做的总体性分析的文章。王弼联合何晏、夏侯玄等同倡玄学清谈,清正高傲,"颇以所长笑人,故时为士君子所疾"。与钟会、何晏等为友。

正始十年(249年)去世,年仅23岁,遗下一妻一女。

二、"贵无"思想

王弼可以称得上是一个天才型的学者。其一生虽然如流星一般短暂,但是在中国哲学思想史上却迸发出耀眼的光芒。其学术成就是相当高的,著有《老子注》、《老子指略》、《周易注》、《周易略例》、《论语释疑》、《周易大衍论》三卷、《周易穷微论》一卷、《易辨》一卷等数种。但其成就,不在于著述数量,而在其质量,在于其创见。他注《周易》一改汉人支离烦琐的传统方法,不用象数,而用《老子》,以老子思想解《易》,并阐发自己的哲学观点,在学术上开一代新风——"正始玄风"。

有些人一辈子可能都会在普罗大众中生活,有些人却可以在其短暂的一生之中,犹如彗星一般璀璨,进而影响着一个时代的思想发展。

王弼的易学观体系也相当庞大,内容非常深奥。王弼的思想以老庄学说为主,并且建立了一套完备的玄学哲学体系。尤其是在本体论和认识论上,他所提出的新的观点对于后来中国传统哲学史有着深远的影响。

王弼对于易学的发展影响相当大,他对《易经》的注释,从思辨的角度来说,具有非常高的价值。他从言与意的思辨理性上解释《易》,比机械比附的方法前进了一大步。

王弼站在儒家的学说之上,把易学玄学化了。在那个时代,玄学家的根本思想是以无为本,王弼说:"道者,无之称也,无不通也,无不由也,况之曰道。寂然无体,不可为象。"(《论语释疑》)

王弼用本体论来对《易》进行解释,并且提出了"健"的观点,"乾"之义是"健",有形之"天"无非是"健"的表象。万物始于天,归根结底,"统之"于"至健"。"健"是无形的,是形而上的。

总之,王弼以言简意赅的论证代替前人的烦琐注释,以抽象思维和义理分析摒弃象数之学与谶纬迷信,在经学上开创了一代新风。清代"四库馆"学者评论道:"《易》本卜筮之书,故末派浸流于谶纬。王弼乘其极敝而攻之,遂能排击汉儒,自标新学。"(《四库全书总目·周易正义》提要)

(一)本体论上的"无"

"无"的概念存在于王弼的析学体系之中,并且是按照属性概念的形式存在的,即"无"是对"道""一"属性之说辞;王弼在对于"名"和"称""谓"的区分上,认为要用"道"和"一"的关系进行把握。

从理论上来说,王弼的本体论哲学的第一层便是要用"道"和"一"作为世界万事万物的秩序和规则。而万事万物的本根便在于"宗"和"元",所以王弼的本体论是一个包含着理本论与气本论形态的思想。而王弼认为"道"是不可以被冠以称呼和说明的,在认识事物的过程中建立本体论思想恰恰是心本论思想的内涵。

从这个角度来看,王弼的本体论思想仍然是在"原始的天人合一的范围之中",是对中国传统哲学本体论思想的合理展开,这也就体现了中国古代哲学本体观念心为一理的实在性,以及气为一理的实在性的"二位一体"性。所以,"道""一"所指的并不是最大的抽象,亦不是万物的共相,而应该在"二位一体"的结构中来理解"道""一"的真实性。对于此思想研究的忽视所导致的便是只见王弼思想之缺点,而不见其思想之优点；只见王弼思想的消极性，而不见王弼思想的积极性。

王弼的论证方法有两个重要的特征：第一，"唯理是从"的求真精神；第二，无"卫道士"风气的创新精神。王弼所运用的方法不是感性的归纳法，而是建立在理性、逻辑之上的一种方法，即在概念性的矛盾之中寻求事物自身之理的研究方法，也就是通常所说的"辩名析理"。

王弼的本体论是为"崇本息末""守母存子"的"无为"政治服务的。王弼所讲的"无为"政治的根本立场并不是消极的，而是积极的。相反，那些当时所谓积极的、有为的政治立场因其并不是在"道"的制约下建立的，是一种对"仁义礼智"的形式化使用，才是真正消极的。

从上述的分析可以看出，王弼的思想是实实在在地存在的"道"。

（二）方法论上的"无"

在方法论方面，王弼对老子的辩证法思想有所继承，他善于运用对立的概念和辨名析理的方法阐述问题。下面是他对有与无、动与静、一与多等对立统一概念的运用及其关系的阐释。

王弼将"一"看作自然万事万物之主宰，这一点和新道家学说里面的"无"很相像。他们都认为"一"或"无"乃是事物存在的本根，万事万物都是其附属。

王弼为了论证"无为而治"的思想抓住"静"与"动"这对对立的概念大加发挥。他认为"以无为本"在动、静关系上就是以"静"为本，以动为末。他说："凡有起于虚，动起于静。故万物虽并动作，卒复归于虚静，是物之极笃也。"（《老子注》第十六章）"凡动息则静，静非对动者也；语息则默，默非对语者也。然则天地虽大，富有万物，雷动风行，运化万变，寂然至无，是其本矣"（《周易·复卦注》）。"静则全物之真，躁则犯物之性"（《老子注》第四十五章）。

在王弼看来，静是本，是绝对的；而动是末，则是相对的，又因如此，他引出了"以静制动"的观念。因为王弼认为自然界的万事万物包

薪火相传：中国传统哲学及现代化简论

括人在内都是能以"以无为本"作为其根底的，并且自然界的万事万物同样是自然无为的。因此，人在治理社会的过程中也要顺应自然，无为而治。

他说："万物以自然为性，故可因而不可为也，可通而不可执也。"社会也是一样，长短不齐、尊卑等级是"自然之质"，不必人为地改造它，"而造为之，故必败也"（《老子道德经》第二十九章注）。他说："自然之质，各定其分，短者不为不足，长者不为有余，损益将何加焉？"（《周易·损卦》注）

（三）认识论上的"无"

从"有""无"关系看，王弼以为老不及圣，这是因为孔子"体无"，故不言"无"，因为"无"不可以言说，只可体会。而老子言"无"，落入言诠，反倒成了"有"。"无"只可通过"有"来说明，不可对"无"本身有直接言说。这个"无"就是万物的本体。王弼《老子注》说："万物万形，其归一也。何由致一，由于无也。由无乃一，一可谓无。"

所以王弼在哲学的认识论上认为，世界上的自然万事万物都是可以被认识的，依此类推，圣人对于社会的治理也是可以认识的。因为王弼的本体论里也包含宇宙论的象，宇宙的本体道是无形无名，"不宫不商，不温不凉"，所以圣人要治理这个社会，也要遵循自然无为的规则。虽然"道"是没有具象的事物，但是因为它在自然界的万事万物之中生存，所以世界上的政治、思想等各个方面也都要遵循"道"。

王弼的认识论集中表现在"言""象""意"三个概念关系的论述之中。"言"是指卦象的卦辞和爻辞的解释；"象"是指卦象；"意"是卦象表达的思想，即义理。

"言""象""意"三者之间是递进表达和被表达的关系。也就是说，通过卦象的卦辞和爻辞的解释可以理解卦象；通过卦象可以了解卦象表达的思想；通过卦象表达的思想可以了解卦象的卦辞和爻辞的解释。所

第四章 魏晋玄学

以这三者,就哪一个而言,都要遵循无为的"道"的思想,要做到不执着,才可以明白"言""象""意"的意思,这是顺理成章的。

所以,王弼的认识逻辑是,"言"生于"象",而说明"象";"象"生于"意",而说明"意"。要得"意",必须借助"言""象",但又不能执着于"言""象"。执着于"言""象",便得不着"意"。只有不执着于"言""象",才能得到"意"。既然卦意(圣人之意)可以认识,那么世界的本体"道"也是可以认识的,因为"圣人之意"是"道"在社会方面的体现,也就是自然无为的治世之道。

第三节 欧阳建、裴𬱟的"崇有"思想

一、人物生平

欧阳建(269—300),字坚石,渤海南皮(今河北南皮东北)人,西晋思想家,司徒石苞的外孙,卫尉石崇的外甥。

世为冀方右族。有才藻思理。擅名北州,后为贾谧"二十四友"之一。辟公府,累迁山阳令、冯翊太守。

裴𬱟(267—300),字逸民,河东闻喜(今属山西)人。西晋大臣、思想家,司空裴秀之子。

裴𬱟出身魏晋士族河东裴氏,为人颇有雅量,见识高远,通古博今。初为太子中庶子、承袭父亲爵位,迁散骑常侍,转国子祭酒兼右军将军,拜侍中、光禄大夫、尚书左仆射等官。永康元年(300年),裴𬱟在政变中为赵王司马伦所害,年仅34岁。晋惠帝复位后,追赠本官,谥号"成"。

裴𬱟在思想上坚决反对王弼和何晏的"贵无论",提出"崇有论",重视现实存在的事物,不满轻视事功的放达风气,力图论证封建等级制

· 109 ·

的合理性。其思想在当时有很大影响，成为崇有派领袖。著有《崇有论》等。

二、"崇有"思想

"崇有"其实是针对"贵无"的思想提出来的，因为在司马炎统一三国之后，创立了晋朝，这个时候需要有新的思想风气，以应对消极的"贵无论"。①

于是裴頠紧紧跟随司马炎统治阶级的需要提出了"崇有论"。崇有论的主要思想如下。

第一，恢复儒学的地位，这是针对王弼的"贵无论"源于道教中的"无"而言的。对于儒家的提倡，在要求当时的哲学思想转向经世致用，也就是要为国家出一份力，而不是因为"无"而什么事情也不做，任其自然。

第二，事物的本源并非"无"，而是"有"。因为事物应是从"有"里面创造出来的。例如，大米要经过农民的种植以及一系列加工才可以最终成为大米，但是如果要端上饭桌，还需要商品的流通等环节。也就是说，各种"有"之间形成了一种复杂的关系，每一种"有"都有可能参与并且创造其他的"有"，这也就是"群有"的概念。

第三，裴頠利用"有"和"群有"进一步提出了积极向上的人生观念。例如，当一个人想要挣钱，那么首先他就要付出劳动。如果按照"无"的观念，那么就是自然而然地发生，这期间不需要付出努力，因为"无"的规律是天命所要求的。这在裴頠看来明显是不正确的，他认为只有付出劳动，才能够有所收获。

裴頠还将"有"的思想应用在政治领域，并且批判了嵇康等的处世哲学。裴頠认为有形且具体的事物才是比较容易进行考察的，而对于抽

----
① 刘毅．晋书[M]．北京：北京燕山出版社，2010．

第四章　魏晋玄学

象的"无"来说则是没有办法检验和说明的。因此，他希望借用"有"的观念，来让人们更加积极地博取功名，在现实社会里好好地生活。

并且裴頠的"有"还从儒学里寻找答案——讷于言而敏于行。但是笔者在这里要强调的一点是，裴頠的思辨哲学和逻辑学等还是依靠玄学发展出来的。虽然裴頠作出巨大的努力，但西晋王朝最后选择的还是"无"，越来越走向颓废，越来越享乐主义，裴頠也因为政治原因被赵王司马伦杀死。

第四节　郭象的"独化"思想

一、人物生平

郭象（252—312），字子玄，河南洛阳人，西晋时期玄学家。官至黄门侍郎、太傅主簿。好老庄，善清谈。郭象反对有生于无的观点，认为天地间一切事物都是独自生成变化的，万物没有一个统一的根据，在名教与自然的关系上，他调和二者，认为名教合于人的本性，人的本性也应符合名教。他以此论证封建社会等级制度的合理性，认为社会中有各种各样的事，人生来就有各种各样的能力。有哪样能力的人就做哪一种事业，这样的安排既出乎自然，也合乎人的本性。

据《晋书·郭象传》记载，"郭象，字子云，少有才理，好《老》《庄》，能清言"。《世说新语·文学篇》说他"才甚丰赡"，曾与善辩名士裴遐辩论。他在社会上很有声望，"时人咸以为王弼之亚"。当时一些清谈名士都很推崇他，如太尉王衍常说："听象语，如悬河泻水，注而不竭。"郭象早年不受州郡召，闲居在家，"以文论自娱"。后应召任司徒掾，迁黄门侍郎。又为东海王司马越所招揽，任命为太傅主簿，深得赏识和重用，"任职当权，熏灼内外"，遭到了一些清谈名士的鄙视和非议。

二、"独化"思想

其实谈到郭象,还要提到另一位晋朝时期的哲学家向秀。当时解释《庄子·逍遥游》的主要有两派:一派是支遁义(支遁,人名,东晋高僧、佛学家、文学家);另一派是向郭义,向郭义就是向秀和郭象两人的解释。虽然现在的《庄子注》只有郭象的名字,但是我们从书中也可以窥见向秀的思想痕迹。

所以这里的"独化"思想,从书的作者角度来说,当然如果说是向秀和郭象二人共同编写可能更为恰当。下面介绍郭象的哲学思想。

(一)"无"

在《庄子注》中,郭象认为道是真正的无。老庄的道包含着无名,也就是说,道在老庄的眼里是不可言说的。但是郭象的"无",是无所不在的意思。

老庄否认有人格的造物主存在,即道里不包含人性的含义。郭象的观点更进一步,他提出:"道,无能也。此言得之于道,乃所以明其自得耳。"(《大宗师》)其大意是,道是无所不能的,并且用言语来表达的道,则可以自己明白。

在先秦道家眼里,万物生于有,有生于无,就是说世间的万事万物可以自己成长起来。但是郭象的思想里却是万物的"独化"。

(二)万物的"独化"

在郭象的眼里,万物并不是任何神创造出来的,自然界的万事万物都是相互关联的。事物之间的关系是存在的,并且这些关系都是必要的。

每一事物的出现,都需要依赖其他的事物。但是每一事物的存在都是因为它自己而存在,和其他事物没有什么必要的关系。所以在郭象看来，物与物存在的关系，像一双筷子一样。一双筷子有两根，每一根筷子都是独立的存在，但是每一根筷子也都离不开另一根筷子。

这也就是说，存在于郭象宇宙论里的每一个事物，都是需要整个宇宙为其存在的必要条件。但需要注意的是，事物的存在并不是因为其他事物而产生的。所以，应当在一定的条件和情况之下，才会有一定的事物生成。当然，也不是由神创造的。换句话来讲，事物是在一定条件下形成的。比如，大米是到了一定农业发展阶段才被创造出来的，并不是农民直接创造出来的，它是自然所给予的，只不过和人们建立起了天然的联系。

所以每一个事物都是它本来的样子。这个理论也可以用来解释社会现象。任何国家的兴衰成败都是在一定条件下或环境所导致的必然结果，而且天下有自身的演化规律，这是由其本身所决定的。

（三）社会政治和思想教化

郭象思想之中的宇宙是处在不断地变化之中的，照此类推，那么社会也是处于不断地变化之中的。人类社会经常变化是常见的现象，郭象据此还认为，在一个朝代推行效果良好的政治和思想教化，如果放在另一个朝代之中，则不一定能够成功地推行。社会是随着整个的环境形势而不断地发展和变化的，形势变了，那么政治制度也要发生改变。如果没有根据新的形势而有所改变，那么过去的政治和思想，即便在当时来看是好的，现在也会成为人们思想的禁锢。

所以新的政治制度和新的思想教化应是由新的环境自然成长出来的，这才顺应了自然。新与旧的不同在于所处的时代不同。它们都契合各自时代的需要，所以相比之下并没有什么好和坏的区分。郭象并不是反对政治制度和思想教化，而是反对那些过时的，因为过时的政治制度和思想教化对于现实社会便是属于不自然的。

薪火相传：中国传统哲学及现代化简论

（四）"无"和"有"

郭象将先秦道家的天、人的观念，有为、无为的观念都作了新的解释。因为环境已经改变了，出现新的形势，所以新的政治制度和思想教化也就自己产生了，并且要任由它们自己去发展，也就是说，要顺着天和自然，就是"无为"。如果秉持着反对的意见，对于旧制度和旧思想仍然坚持，就是"有为"。

一个人生活在他的人生轨迹之中，就要自然、充分并且自由地发挥自己的能力，也是无为的意思；反之，若是有些事情一味地强求，那便是有为。郭象还对先秦道家的"纯素之道"作出了自己的解释。何为纯，便是没有什么亏欠，虽然自然界有万事万物，但是对于每个人来说就是要保持自己的本性；何为素，并不是不经历这繁杂风尘的生活，而是即便生活于此，仍然能够保持着一颗素心。

（五）知识与模仿

郭象并非反对圣人，而是反对那些企图成为圣人的人。也就是说，一个人生下来是什么样的人，便是什么样的人，所以要保持着自己的秉性，不要一味去模仿别人。

在郭象眼里，只有那些模仿的人才会拥有知识。即便是老庄，他们的资质也是天然形成的，也是没有任何知识的人（先秦道家的眼里有两种圣人：一种是按照道家标准所说的完全的人，另一种则是有一切知识的人），所以郭象似乎也认为模仿是错误的。关于这个说法，郭象提供了三个理由。

第一，模仿是没有任何用处的。因为每件事情都在不断地发生着变化，并且每天都会有新的问题和新的情况产生，所以即便是在过去知道事情的一瞬间，人也是有新的价值取向的，所以在郭象看来，因为新的形势等一切环境也都已经发生了改变，所以从过去的经验之中模仿也就

第四章　魏晋玄学

是没有任何用处的。

第二，模仿的最后是没有结果的。因为一个事物是什么，那么它就是什么，而且一个事物是不能取代另一个事物的。

第三，模仿是有害处的。因为在郭象看来，如果模仿既没有用，也没有任何结果，那么最终模仿便是相当有害处的。而唯一合理的方式便是"任我"，也就是实践所导致的"无为"。

第五章　唐朝时期的哲学

第五章　唐朝时期的哲学

第一节　韩愈的"道统"

一、人物生平

韩愈（768—824），字退之，河阳（今河南孟州南）人，自称郡望昌黎，世称韩昌黎，唐代文学家、思想家、哲学家、政治家。

贞元八年（792年），韩愈登进士第，两任节度推官，累官监察御史。后因论事而被贬阳山，历都官员外郎、史馆修撰、中书舍人等职。元和十二年（817年），出任宰相裴度的行军司马，参与讨平"淮西之乱"。其后又因谏迎佛骨一事被贬至潮州。晚年官至吏部侍郎，人称"韩吏部"。长庆四年（824年），韩愈病逝，年五十七，追赠礼部尚书，谥号"文"，故称"韩文公"。元丰元年（1078年），追封昌黎伯，并从祀孔庙。

韩愈是唐代古文运动的倡导者，被后人尊为"唐宋八大家"之首，与柳宗元并称"韩柳"，有"文章巨公"和"百代文宗"之名。后人将其与柳宗元、欧阳修和苏轼合称"千古文章四大家"。他提出的"文道合一""气盛言宜""务去陈言""文从字顺"等散文的写作理论，对后人很有指导意义。有《韩昌黎集》传世。

二、"道统"的思想

到了公元581年，中国在经过数个世纪的分裂以后，又由隋朝完成了统一。不久隋朝又被唐朝所取代了，唐朝是我国历史上一个强大的实

薪火相传：中国传统哲学及现代化简论

行中央集权制的王朝。唐代在文化、政治上都是中国的黄金时代，可与汉代相媲美，并且在某些方面又远远超过了汉代。

其实在提及韩愈的道统思想时候，不得不提及李翱。因为是他们二人的共同努力，才重新对于唐朝当时的问题作出了新的解释。《大学》《中庸》便是他们重新解释的书籍。韩愈的《原道》和李翱的《复性书》都对于"道"有所描述，这一思想在中国哲学史上被称为"新儒学"。

（一）新儒学

其实关于"道统"的思想，孟子早已经有了一个概述，而韩愈、李翱的"道统"则是结合了唐朝当时的社会现状，受到禅宗的启发而提出的。

下面阐述一下禅宗对于"道统"的影响。

禅宗认为，佛是经过心传，也就是通过历代的佛祖一脉相承，最后传到了弘忍和慧能。后来新儒学的程子认为《中庸》是孔子所传授的心法。其实真实情况是人们都相信孟子是道统的最后一位继承者，所以自孟子以后，便再无道统。

李翱自身对于道统学说颇为了解，他通过对于《中庸》的重新解读，俨然成为孟子的继承者。从这里便可以看出来，后世的儒家学子的梦想便是能够成为孟子之后的最后一位继承者，于是新儒学的众多学子也都接受韩愈的道统说。

其实新儒学的这些学子这样做也不是没有根据的，因为新儒学即便从现在的研究来看，也是关于先秦儒学理想派的延续，尤其是继承了孟子的神秘主义。也正是这个缘故，这些新儒学学子便坚信自己是"道学家"，于是他们的哲学也被称为"道学"。

新儒学其实主要有三条思想路线：第一，儒家的本身；第二，佛家，其中当然也包括以禅宗为中介的道家，因为在佛家的各宗之中，禅宗给新儒家提供了许多新的思想；第三，道教，道教有一个重要成分便

第五章　唐朝时期的哲学

是阴阳家的宇宙发生论，新儒家的宇宙发生论便主要和这条思想路线相联系。

新儒学的思想一直到明清时期都会有所涉及，所以在接下来的章节里，涉及新儒学的人物便会沿着这一思路延续。下面重点介绍韩愈的"道统"思想。

（二）韩愈的"道统"

韩愈在中国思想史上最具有影响力的贡献，便是重新激活儒学，让儒学拥有了新的思想内涵，形成"新儒学"（冯友兰先生所称的新儒学，是指宋明理学），韩愈对此有首倡之功。

想要了解韩愈的思想贡献，就需要集中研读他的文章"五原"（《原道》《原性》《原毁》《原人》《原鬼》）。现在学术界尚未确定其创作的具体时间，但是其思想价值却相当高，并且这组文章的文体也非常独特。至于其标题中的"原"，后代明朝徐师曾的解释比较准确，是"推其本原之义以示人"（《文体明辨》），其大概含义是讨论道、性、毁、人、鬼的本原之义。

韩愈将儒学之道进行了抽象化，从《原道》的开篇便可以看出，韩愈用"定名""虚位"这样非常独特的观点，凸显了"道"这一概念的抽象意义。

《原道》的大概意思是，将博爱看作仁，合适的行动看作义，那么这就是道。那么其余的事物便是德，将仁与义看作定名，那么道与德便是虚位。

先秦道家所论的"道"，具有形而上的超越性内涵，并且到了汉唐时期，因为儒、释、道三家在不断地相互吸收和借鉴，所以儒家多借用道家的"道"论来构建天道体系。较为经典的例子便是董仲舒的天道思想（从这里便可以看出董仲舒也吸收了道家的思想），但是这与韩愈将道视为形而上学是不同的。

· 121 ·

薪火相传：中国传统哲学及现代化简论

韩愈的"仁与义为定名，道与德为虚位"，这里的道包含很强的抽象性含义，而这种含义是吸收了佛家禅宗思想和道家思想所结合而成的。韩愈将"仁义"的理念确定为儒道的根本内涵，这样便同佛教和道教的思想分别开来。

通过上文可以了解到，韩愈对于儒家的道德形而上学作出了杰出的贡献。形而上学其实有多种具象的形态，韩愈以后后世宋代儒家学子所做的工作便是解释说明这一点。儒家的仁、义、礼、智、信本身就具有形而上学的含义。

韩愈利用"定名"和"虚位"的这一套关系，开启了宋儒思考仁义形而上学含义的思想方向。以"仁义"为"道"，从这里便可以看出韩愈的本体论，其根本在于"仁义"（道德方面的仁义，具有抽象的形而上学唯心主义特征）。

后世的宋代儒家学子对于儒学的宇宙论和本体论的研究是日渐加深，尽管他们对于韩愈在这个方面的粗略研究非常不满意，但还是对韩愈的"仁义"为"道"进行了积极的肯定。

韩愈强化了儒家精神与制度的深刻联系。韩愈的《原道》里所说的以仁义为本的儒道，其实并非抽象的精神概念，而是一整套完整的政治礼乐文化制度。在这里，韩愈为儒家的"道"与现实的政治制度以及生活的方方面面搭建起了一座桥梁。

《原道》中提到，儒家的制度文化和其所提倡的"仁义"观是紧密联系在一起的。儒家的积极入世目的是建立一种"相生相养"之道，这也是"博爱之谓仁"的体现。

韩愈的"道统说"是以仁义为本的道统，按照仁德的核心来确定正统（仁德的体现便是相生相养）。

综上所述，对韩愈的"道统"思想作一个大概的解释，便是儒道自觉和道统说，其目的是强化儒家制度和精神的深刻联系，并且韩愈的"道统说"还从之前的儒家学说里汲取相关的知识和看法，进而重新组织起来,由此赋予儒学思想以新的理论关怀。

第二节 柳宗元的"天人不相预"思想

一、人物生平

柳宗元(773—819),字子厚,河东解县(今山西运城西南)人,世称柳河东。因官终柳州刺史,又称柳柳州。唐代文学家、哲学家。

柳宗元与韩愈共同倡导古文运动,并称为"韩柳",与刘禹锡并称"刘柳",与韦应物并称"韦柳"。柳宗元一生留下诗文作品达600余篇,其文的成就大于诗。骈文有近百篇,散文论说性强,笔锋犀利,讽刺辛辣。游记写景状物,多所寄托,有《河东先生集》,代表作有《溪居》《江雪》《渔翁》等。

在柳宗元的早年生活里,对他的哲学思想有影响的是其刚直不阿的父亲和崇信佛法的母亲,并且柳宗元是一位少年才子,贞元十九年(803年),柳宗元因为任职监察御史,看见了很多政治的黑暗,便产生了改革的想法。

永贞革新失败之后,柳宗元被贬为永州司马。生活在永州的这十年里,柳宗元在哲学、政治、历史、文学等方面都进行了潜心钻研。综观柳宗元的一生,可以用宦海沉浮、初心不改来形容,也正是因为其才华和刚正不阿的性格,注定他在官场上会有起落,而也正是因为如此,精通儒学、佛学的柳宗元的哲学思想便更加值得重视。

二、"天人不相预"

预,干涉,"天人不相预"意为天与人互相不干涉。柳宗元认为天地万物"特一气耳","彼上而玄者,世谓之天;下而黄者,世谓之地;

薪火相传：中国传统哲学及现代化简论

浑然而中处者，世谓之元气；寒而暑者，世谓之阴阳"。天与人"各不相预"，"生植与灾荒，皆天也；法制与悖乱，皆人也，二之而已。其事各行不相预，而凶丰理乱出焉"。

董仲舒的天人感应学说提出了人要按照天的旨意行事，并且其宇宙论是一气。柳宗元在这样的思想感召之下，提出了天为自然的万事万物。从这里便可以看出，柳宗元的本体论包含着宇宙论的自然万事万物，所以柳宗元的思想是朴素的唯物主义思想。而"天"的含义，在柳宗元的眼里便是一种自然之天，自然的天是按照自己的规律运行的，由此可以看出柳宗元的"天"是不包含人的道德意志的。

柳宗元和韩愈虽然是好朋友，但是关于天和人的关系上，两人的观点却是不同的。从上文对于韩愈的"道统"介绍可以看出，韩愈的本体论思想中的"天"是包含仁义道德的，因为韩愈的"道统"是以仁义作为道德的。

柳宗元对此却采取了相反的态度，因为柳宗元的"天"是自然之天，所以柳宗元的天和人之间便没有搭建起桥梁。而在汉代的董仲舒眼里，天人相类，通过了类比，人和天之间便搭建起了桥梁，可以进行沟通，因此从这方面来看，柳宗元的思想中有道家的自然之天和禅宗的无为的思想，因为天不干预人，那么人和天便是没有关系的，所以这是两套各自运转的体系。

自然界的万事万物便是没有任何意志的，也就是无法与人进行沟通。所以在柳宗元看来，当出现自然灾害的时候，百姓求神告天，企图得到天的原谅，这是完全没有任何意义的。

而社会的动荡和朝代的更替，便也和天没有任何关系，因为这是人所为。也就是说，人在社会之中所造成的一切现象，是由人所导致的，所以"天灾"和"人祸"是两个并行的轨道，彼此互不干预。这种天人相分的思想，在中国哲学史传统的天人关系方面，可以说是一大进步。

第五章 唐朝时期的哲学

第三节 刘禹锡的"天人交相胜"思想

一、人物生平

刘禹锡（772—842），字梦得，洛阳（今属河南）人，自言系出中山（今河北定州），其先祖为中山靖王刘胜（一说是匈奴后裔），唐朝时期的大臣、文学家、哲学家，有"诗豪"之称。

刘禹锡于贞元九年（793年）进士及第，初任太子校书，迁淮南记室参军，后入节度使杜佑幕府，深得杜佑的信任与器重。杜佑入朝为相，刘禹锡亦迁监察御史。贞元末年（805年），加入以太子侍读王叔文为首的"二王八司马"政治集团。唐顺宗即位后，刘禹锡参与永贞革新。革新失败后，屡遭贬谪。会昌二年（842年），迁太子宾客，卒于洛阳，终年71岁，追赠户部尚书，葬于荥阳。刘禹锡的哲学著作有《天论》三篇，论述天的物质性，分析"天命论"产生的根源，具有唯物主义思想。著有《刘梦得文集》《刘宾客集》等。

提到刘禹锡，我们便会想到其著名的诗句"我言秋日胜春朝"。确实，刘禹锡的一生和柳宗元相似，都是永贞革新之后被贬，可以说永贞革新便是其政治生涯的高峰。刘禹锡也是少年成才，也曾担任过监察御史一职。他对于政治的黑暗有深入的了解，但是并不愿意融入黑暗之中，而是选择了革新，从国家利益出发，而不去计较个人得失，所以刘禹锡的晚年生活也是在被贬谪和各个官职之间徘徊。尽管屡屡遭受打击，但这并没有让刘禹锡失去斗志，反而更加昂扬向上。一句"我言秋日胜春朝"一扫悲秋之气，就是刘禹锡个人性格最佳的写照，即便遭受各种各样的失意和不得志也不会对生活低头。

其实，从这里我们可以发现，唐宋时期的文人本身就很博学，并且

· 125 ·

薪火相传：中国传统哲学及现代化简论

有着坦荡的胸襟，是典型的儒家学士形象，他们虽然吸收了道家和佛家等思想学说，但是并没有魏晋时期的无为风流，而是一直保持着积极入世的态度，并且内心都是以国家利益为主，不计较个人利益的得失，所以唐宋时期的文人可以说是相当有铮铮铁骨的。

二、"天人交相胜"的思想

刘禹锡关于天人关系的观点是"天人交相胜"，并且他在《天论》里面也作出了阐述，其含义便是自然界的"天"和人类社会都具有各自的规律，但是它们的职责是不一样的，所以会出现有时候人胜于天，有时候天胜于人的情况。

"天人交相胜"的观点指出了社会和自然的区别与联系，并且还对两者的关系进行了具体的分析，这也就强调了人的能动作用。比起前人片面地宣扬天人合一来也是一个大的进步。

其实这是刘禹锡继承和发展了荀子的"制天命而用之"的思想和他的好朋友柳宗元的"天人不相预"的思想。刘禹锡认为，天和人不像柳宗元所说的那样是两条平行的轨道，而是天与人既有区别也有联系。所以在刘禹锡的眼里"天"有一种"生植"功能，也就是说弱肉强食，这和达尔文生物进化论里的"弱肉强食"学说有些相似的地方，但是达尔文的生物进化论被应用到了社会领域，使西方在近现代一直采取对其他民族欺凌的政策，而刘禹锡的观点仅限于文化方面。

刘禹锡的现实社会是根据"是非"标准进行赏罚和管理，这颇有一些先秦法家的意味。笔者在法家的相关内容里面提到，法家到了后期，其主张便作为别的学派治理社会的一种制度而存在，所以刘禹锡有天人交相胜这样的观念也是很正常的情况。

人类社会的赏罚制度措施，不能采用"弱肉强食"的自然规律，因为人类社会是由道德来支配的。所以从这方面来看，刘禹锡的本体论同样包含宇宙论的自然万事万物之天，而在其认识论上，关于人如何和人

第五章 唐朝时期的哲学

相处的观点上才有了一个"是非"赏罚的统一标准。

刘禹锡的"天人交相胜"虽然初步认识到人与自然的联系和区别，但其局限性在于，人类社会繁荣祥和的时候，人可以不用和自然产生联系；一旦人类社会步入了乱世，那么就需要和自然产生联系，用自然来掌握人的祸福。

从这一点来看，笔者认为刘禹锡和其好朋友柳宗元相互结合一下，便是很好的，也就是当人类社会步入乱世的时候，仍然由人来掌握整个社会制度的规律，而不要归咎于"天"。

第六章　宋明理学

第六章 宋明理学

第一节 理学产生的时代背景

发达的唐宋文明比起初级农业文明来说，无论是在物质层面还是精神文化层面，都取得了长足的进步和发展，唐宋文明可以说是这一时期的世界高峰。

宋代（960—1279）在我国历史上被称为"积贫积弱"，这主要是从当时的政权统治来讲的。但是如果从整个中华民族的文化发展史考察，这一时期应该说是汉文化进一步扩张以及和少数民族文化融合的重要时期。这一时期的南宋，偏安于江南。先后和宋朝并存的政权有辽（916—1125）、西夏（1038—1227）和金（1115—1234）这三个王朝。这些是中国的少数民族在汉文化的强烈影响下建立起来的政权，中华文明的影响在进一步扩大，特别是辽末期余部建立起来的西辽政权（1124—1218），则是完全按照中华文化、中国模式进行统治的。

宋代的科学技术也相当发达，中国很多具有重大意义的发明也都出现在这个时代。例如，毕昇、沈括等便生活在宋代。此外，宋代对于教育也是非常重视的，有宋一代建立了全国的教育系统，并且得到了国家的大力支持，这也就使国家的知识分子数量大大地增加。此时期哲学上存在不少派别，它们经常相互问难和辩论。

宋代存在的政治问题相对来说比较多，内忧外患促使不少知识分子寻求改革，但是随着改革的不断加深，又会有一大批知识分子反对改革，形成了改革派和反改革派的长期党派斗争，这也成了宋代的一大特点。

薪火相传：中国传统哲学及现代化简论

但是总的来讲，宋代的思想已经从唐朝的兼容开放、海纳百川而变得日趋保守。宋儒吸收了佛、道的思想，把儒家思想发展成以伦理学为主体的、无所不包的宇宙观体系——理学。

理学家主张"存天理，灭人欲"，还用纲常名教建立起森严的封建等级，这就导致对世人思想和行动上的全面压制，扑灭了追求自由思想的希望的火苗。盲从、墨守成规、僵化，这些都逐渐成为人们的固有思想标签，从哲学方面讲，这种禁锢思想的做法是阻碍社会进步的重要因素之一。

第二节　张载的关学思想

一、人物生平

张载（1020—1077），字子厚，凤翔郿县（今陕西眉县）横渠镇人，并在该地安家、讲学，世称"横渠先生"。北宋理学家、教育家、理学创始人之一，其"为天地立心，为生民立命，为往圣继绝学，为万世开太平"的名言，被称作"横渠四句"，因其言简意赅，历代传诵不衰。

张载博览群书，其学以《易》为宗，以《中庸》为体，以孔、孟为法。认为世界万物的一切存在和一切现象都是"气"，即"太虚"，主张"理在气中"。又认为只有"德性之知"才能认识"天下之物"。讲学关中，故其学派称为"关学"。著有《正蒙》《易说》《经学理窟》等文集，后人编为《张子全书》。

年少时候的张载喜爱谈论兵法，于是当范仲淹招兵的时候，他应召入伍。范仲淹认为张载是一个大才，便劝说他要好好学习儒学，尤其是《中庸》（可见在这个时候，《中庸》已经成为儒家继承孔孟之道的正统）。

第六章 宋明理学

张载回家之后不但学习了儒学,还学习了佛家、道家的思想,后来考中了进士。御殿答策,深受神宗的喜爱,并且在为官之后,为百姓着想,积极建言献策,提出了很多有针对性并且可以实施的建议。王安石主持新政变法,张载为此也受到了牵连,于是遭到贬谪,而后张载在家读书更是勤奋用功,一直到晚年。

张载一生,两被召晋,三历外仕,著书立说,终身清贫,殁后贫无以殓。在长安的学生闻讯赶来,才得以买棺成殓,护柩回到横渠。翰林院学士许诜等奏明朝廷,乞加赠恤。神宗下诏按崇文院三馆之职,赐丧事支出"半"数。

张载在《易传》的基础上提出了宇宙发生论,宇宙发生论在上文介绍韩愈时已经提及,这里再做一个简要的说明。新儒学的宇宙发生论是指新儒家为了解释"世界的本质""世界是怎样形成的"之类的问题而发展起来的学说,其中最著名的三个代表人物是周敦颐、邵雍和张载。需要特别强调的一点是,张载眼里的世界的本质是"气"。在新儒学的哲学里面,"气"这个概念是很抽象的,和古希腊哲学的"质料"非常接近。质料是宇宙最初形成混沌的最基础的原料,是一切世界的本质,也就是说,质料是一种具象化的事物,并且存在于一切个体之中,万物都是其所构成的。所以按照这个意思可以类推出张载的"气"也是指向于具体的意义的。

二、关学思想

关学是萌芽于北宋庆历之际的儒家学者申颜、侯可,至张载而正式创立的一个理学学派。关学是儒学重要学派,因其实际创始人张载是关中人,故称"关学",又因张载世称"横渠先生",因此又有"横渠之学"的说法。关学弟子众多,影响深远,与宋代"二程"的洛学、周敦颐的濂学、王安石的新学、朱熹的闽学齐名,共同构成了宋代儒学的主流。

张载认为人生活在世上,要有责任担当,这集中地体现在他的讲学

薪火相传：中国传统哲学及现代化简论

主旨上，也是有名的"横渠四句"："为天地立心，为生民立命，为往圣继绝学，为万世开太平。"

对于"关学"的分析，我们可以从以下几方面来考察。

（一）本体论——太和的人生态度

太和是气的全体之名，也可以称为"游气"。像是升、动之性便可以看作阳性，降、静之性便可以看作阴性。如果气受到阳性的影响，那么便会上升；反之，受到阴性的影响，便会下降。这就导致气会永远在聚散之中。所以气聚，自然界的万事万物便会形成；气散，自然界的万事万物便会走向灭亡。

张载的本体论是建立在宇宙论基础上的，其世界是太虚，也就是真空之中所形成的"气"构成了自然界万事万物之本质。

张载认为，自然界的万事万物都同属于一气，那么人与宇宙的万事万物都是相同的。依此类推，那么我们把天看作父亲，把地看作母亲，人与人之间应都是兄弟。所以，我们应推广孝道，通过对于天地父母的尊敬，来让孝道深入每一个人的心中，因为大家的父母都是一样的，大家也都是由气所产生，所以要用道德规范来让大家和睦相处。

在这样的前提之下，每一个人因为自愿遵守孝道所做的事情，都是对于天地父母的尊敬。例如，一个人愿意帮助他人，不仅是因为他有极好的修养，更多地在于他的内心认可大家都是宇宙的后代这一观念，那么他在做对这个社会有益的事情的同时，也是在尽自己的社会义务，更重要的是他内心的孝道是出于对天地父母的尊敬。如果他认识到这层含义，那么便符合张载的太虚和气的理论。

所以张载说，一个人只要活着，就需要孝顺宇宙的天地父母。

后来的新儒家对此人生态度也是相当赞成的，因为就新儒学而言，这是将自己与佛家、道家的人生态度区别开来了。

并且张载认为，就圣人而言，心中已经明白太虚和气的关系。又

第六章 宋明理学

因为圣人知晓了宇宙发生论的含义,圣人便会看淡生死,并且只向往是正常人的孩子,因为大家都是一样的,同为宇宙的后代。并且只要圣人活着,他作为宇宙和社会中的一员,就要履行他的义务。那么在他死后(可以理解为气散后),圣人也就没有什么可以遗憾的了。

所以每一个人要做的事情,或者说他应做的事情都是因为他对于宇宙的气的认识,这样这个人所做的事情就是用孝道来尊敬天地父母。所以新儒家在此建立了一个新的观点,这个观点被儒家认定为标准的道德,已经再次被拔高到一个新的含义,也就是超越道德的价值。

(二)辩证法——阴阳二物,动静结合

因为是太虚的气,所以气的阳性方面便是浮、升、动,气的阴性则是沉、落、静。这样充满宇宙的混沌之气,便处于不断地聚散过程之中,有运动也有静止。由此推广到自然界的万事万物之中,其中也包含人在内,万物的生死以及动静的不断变化,都是通过气这一具体物质而展现出来的。

太虚之气为阴阳二体,太虚处于阴阳未分的混沌状态下,便称之为元极;而太虚在阴阳已分的情况下,便称之为太极。阴阳二气在事物内部不断地发生变化,相互矛盾又相互促进。两者既是个体,又彼此纠缠在一起,所谓"独阳不生,孤阴不长"。所以阴阳二气的运动变化发展过程,便是万物运动变化的根本原因以及产生的动力。

(三)认识论——闻见之知与德性之知

闻见之知和德性之知是张载关于认识论的两个重要概念。张载的闻见之知大概意思是人的认识是由感官接触外界事物而获得,但仅仅依靠感官直接接触外界的事物,并不能知晓天下之事。所以要有一种比这种直观感受更加深入事物内部的知识,这便是"德性之知"(穷理尽性)。

人的认识是分为感性认识和理性认识的,并且在张载的眼里,只有

德性之知才可以称得上真知，而真知可以寻得万事万物之本根。同样，对于人的认识是从何而来的，从这里我们已经看到了感性与理性、有限与无限、相对与绝对、现象与本质的辩证关系。

（四）人之本性——天地之性与气质之性

张载总结了关于先秦以来的人性论，并且汲取了各家学说的优点和长处，创建了独具特色的人性学说。

张载认为，人和万物都是由"气"所创造的。因为气有不同程度的划分，所以便创造了形形色色的人。由此来推断，气的本性便是宇宙自然万事万物的本性。所以，人和自然界的万事万物都是有本性的，并且大家同出一宗，也就是自然混沌之气。

因为气便是性，所以人性也是先天存在的。但是性和气一样，也是有一个先天之性，这个先天之性便是最原始的性，并且是最纯洁无垢的。但是因为每一个人生下来的时候，气的形态各有不同，再加上生活的社会环境和所接受的知识是不一样的，所以便形成了后天之性，也即所谓的"气质之性"。张载由此便创造了人性二元论。

先天之性也就是天地之性是纯洁无垢的，所以是最高的善；而到了后天之性，由于每个人所经历的社会环境不一样，所以这里的性便是恶的来源，也就是欲望的表达。关于一直在争论的人性善还是性恶，关学的总结便是，如果一个人作恶，那么这里体现的便是后天养成的气质之性，而圣人之所以成为圣人，便在于在不断地与自己抗争的过程中，克服了这样的后天之性，将被后天之性所遮挡住的先天之性显露了出来，于是便回归了天地。当然实现这个目标的方法，就是不断地学习知识，不断地学习礼仪道德教化，这样便可以培养成为天地的浩然之气。

（五）太极之《易》——辩证之理

关学里面对于《周易》的辩证法的思想，内容相当丰富，并且论证

第六章 宋明理学

也相当全面。下面笔者便去探究其中的精彩。

1.发掘义理

张载的"横渠四句",也就是人在现实生活之中应怎么做,便是从《周易》之中发掘出来的。当然这里遵循了儒家的"修身、齐家、治国、平天下"的思路。

2."自然易"与"书易"的概念

"自然易"是近年关于《周易》研究的一个衍生领域,宗旨是使《周易》自然化、平常化、简单化,使《易》走进千家万户,人人皆可"易",使之能够最大范围、最大限度地为人类所用。

"自然易"与"书易"划清了研究中主观对客观的界限、自然实在与图文表述的界限。

3.《周易》的宇宙本体论

将气看作与古希腊时代相同的混沌之气,也就是气是具有具象性的实体性事物,而气是在太虚之中,太虚即宇宙观,所以张载的"气"便是将《周易》中的太极和太虚的相关概念进行了整理,这也就理顺了宇宙的物质性和佛道的"空""无"概念的不同。

4.发展《周易》的辩证法

张载认为,阴阳二气构成了万事万物的矛盾和对立,但是这两个方面既相互对立又相互依存,如果阴阳相济,那么便"和"而为一。"和"是事物诸多因素、不同对立面之间的多样性的统一,而不是单一的、相同的事物的简单相加和重复。

薪火相传：中国传统哲学及现代化简论

第三节 "二程"的洛学思想

一、人物生平

程颢（1032—1085），字伯淳，人称"明道先生"，洛阳（今属河南）人。北宋理学家、教育家，理学的奠基者，洛学代表人物。

政治上，程颢反对王安石新政。在学术上，程颢提出"天者理也"和"只心便是天，尽之便知性"的命题，认为"仁者浑然与物同体，义礼知信皆仁也"，识得此理，便须"以诚敬存之"。倡导"传心"说。承认"天地万物之理，无独必有对"。宋神宗元丰八年（1085年），宋哲宗即位，召其为宗正丞，未行而病逝，终年54岁。

程颢所亲撰有《定性书》《识仁篇》等，后人集其言论所编的著述书籍《遗书》《文集》等，皆收入《二程全书》。

程颐（1033—1107），北宋理学家、教育家。字正叔，人称"伊川先生"，洛阳（今属河南）人。程颐强调"穷理"之说；主张通过内心修养的方法来悟得天理，获得知识；又主张"去人欲，存天理"，为纲常名教辩护。著作收入《二程全书》。

程颢和弟弟程颐，世称"二程"，同为北宋理学的奠基者，其学说在理学发展史上占有重要地位，后来为朱熹所继承和发展，世称"程朱学派"。二程都曾师从周敦颐。

二、洛学思想

（一）程颢的天人合一

洛学思想要结合程颢和程颐两兄弟一起来讲解。程颢非常赞同张

第六章 宋明理学

载所写的《西铭》的中心思想"万物一体",这同样是程颢的哲学中心观念。

仁的主要突出表现,便是万物合一。所以对于程颢来说,人首先必须察觉了解到人和自然的万事万物本来是一体的。那么这时人只需要在知晓道理之后,在现实生活的为人处世之中,做到聚精会神地遵循这个道理去做事便可以了。

这样,在现实生活中不断地学习和实践,人便可以真正感觉到"万物合一"的境界,从而培养出儒家所说的天地浩然之气。

程颢不同于孟子的地方,是程颢对于仁有更多的形而上学的解释。在《周易》里"天地之大德曰生"的"生",程颢给出的解释是"生命"。所以程颢和新儒学的学子们认为自然界的万事万物都有生命的倾向,于是这种倾向便构成了天地之中的"仁"。

在程颢眼里,仁的形而上学构成了自然界万事万物的一种内在的联系。孟子所说的"不忍"就是我们与他物之间这种联系所构成的表现。但是这种"不忍"之心被张载所说的后天之性(气质之性)遮盖和蒙蔽了,所以要在先知道天人合一的情况下,再在现实生活之中不断地按照这个道理做事,这样便会在不久之后学习到天人合一,也可以让膨胀的私欲渐渐消退。

(二)程颐之"理"

儒家直接从《周易》里发展出"理"的观念,并且受到了张载的启发。程颐对"形而上"和"形而下"这两个名词作出了区分。在程朱理学完整的体系里面,与"形而上"和"形而下"相对应的是"抽象"与"具体"的区别。

程颐认为,理是不会随着时间的消逝而灭亡的,所以是永恒存在的。理是没有具象的形体的,所以和世间的万事万物都是没有联系的,但是理又充满于世间万事万物之中,那么从这里便可以看出理是一个抽

· 139 ·

象的事物。

世间万事万物之理都永恒地存在这里，在现实世界之中没有什么具体的形象，并且和人们知不知道它也没有任何关系，因为它会一直存在这里。

程颐也讲述如何进行精神修养，而程颢认为，天人合一，万事万物都是一个整体，而且当人们认识到了这个"理"，便会诚心敬服。程颢之后，理学家便以"敬"字作为讲述精神修养法则的核心关键。

于是"敬"便成了新儒学，进一步离开了禅宗。

（三）"敬"之情感

此外，程颢认为圣人也有喜怒哀乐的心情，而且这也是相当自然的，但是圣人的心中有着宇宙的天人合一的思想，所以一旦这些情感发生了，那么也不过是宇宙之间客观存在的联系，和他们的自我没有关系。圣人的情绪是和外界相联系的，是引起他喜怒哀乐的外界事物所导致的。这就对他本身并没有什么影响，所以一旦引发情感的对象消失了，那么他的内心对于有关事物的情感也就消失了。这样来看，圣人的内心是有情感的，但是并没有被外界的事物所连累。

另外，当有人因为别的事物而生气，那么他可能做的举动便是会迁怒于他人，但是他所迁怒的人和惹他生气的人并没有关系，所以不要因为生气而迁怒于别人，即这个事物或者人并没有在他心中引起某些情感，情感反映到了他的内心之中，像是镜子一样，而他的自我并没有和情感联系在一起，所以也就没有什么事情可以让他生气。

当然，他也只是对于心中引起情感的事物所做的反应，但是他的自我却并没有为他人所累。这样看来，程颢的不迁怒对于新儒家来说也是十分受欢迎的。

程颐认为圣人的情感，比如说快乐，其实是自己本性的真情流露。这里强调的是自乐。新儒学对于圣人之乐的理解，便是风流。这个风

第六章 宋明理学

流不是魏晋时期的风流,而是新儒学的风流。其讲究的是要遵循自身的本性,才可以做到风流,也就是说,要从自己的本性出发才会感受到快乐。

程颢的《秋日偶成》里面有一句:"富贵不淫贫贱乐,男儿到此是豪雄。"便是一种快乐,这样的人是真正的"豪雄",是"风流人豪"。

第四节 朱熹的闽学思想

一、人物生平

朱熹(1130—1200),字元晦,一字仲晦,号晦庵,别称紫阳,谥号文。祖籍徽州婺源(今属江西),生于南剑州尤溪(今属福建)。南宋时期理学家、教育家。

朱熹19岁考中进士,曾任江西南康、福建漳州知府、浙东巡抚等职,做官清正有为,振举书院建设。官拜焕章阁侍制兼侍讲,为宋宁宗讲学。晚年遭遇庆元党禁,被列为"伪学魁首",削官奉祠。庆元六年(1200年)逝世,终年71岁。后被追赠为太师、徽国公,赐谥号"文",故世称朱文公。

朱熹是"二程"(程颢、程颐)的三传弟子李侗的学生,与"二程"合称"程朱学派"。他是唯一非孔子亲传弟子而享祀孔庙,位列大成殿十二哲者。朱熹是理学集大成者,闽学代表人物,被后世尊称为朱子,他的理学思想影响很大,成为元、明、清三朝的官方哲学。

朱熹著述甚多,有《四书章句集注》《太极图说解》《通书解说》《周易读本》《楚辞集注》,后人辑有《朱子大全》《朱子集语象》等。其中《四书章句集注》成为钦定的教科书和科举考试的标准。

· 141 ·

二、闽学思想

闽学便是朱学。

（一）形而上之"理"

朱熹首先认为一切事物，无论是自然的还是人为的，都有其中之"理"。例如，上天并没有给人创造出纸，但是人通过各种原材料创造出了纸，那么纸便有"理"。纸的"理"便在于纸的本性，其余在宇宙中的任何万事万物都可以这样类推，万事万物便都有自己的"理"。而万事万物之中的各类事物都有自己的"理"，则此类事物的成员便拥有此类之理，即其本性。

反过来说，也正因为有了此类之"理"，才让这类事物能够成为这类事物。所以按照程朱学派的说法，一切种类的物并非全部都有心（就是仁义，也可以当作感情），但是一切物却都有自己特殊的性，也就是"理"。

"理"在事物之前便已经存在，并且朱熹沿袭了"二程"的观点，认为理是永恒存在的。比如，某人学习了制造火枪的技术，可以制造出火枪来，不是因为有了火枪才有制造火枪的知识，而是有了制造火枪的知识之后，才有了火枪。

（二）最高的"理"——太极

因为每类事物都有其类之"理"，所以"理"便使这类事物成为它们应该成为的事物。也就是说，理是作为最高层次出现的。那么从一类推导至宇宙万事万物，肯定会存在一个最高、终极的目标，并且它也是能够包含一切的万事万物之类的"理"。这个至高至上之"理"被称作"太极"。

毋庸置疑，朱熹眼中的"太极"，是处于最高位置的。这就等同于

第六章　宋明理学

孟子的"仁"、禅宗的"无"、西方柏拉图的"善"。

朱熹的"太极"的神秘之处在于,"太极"是宇宙万事万物之类的"理"的集合,并且在宇宙万事万物之中都有所存在,也就是"太极"在世间的每一个个体之中。

(三)形而下之"气"

如果只有"太极",因为它仅仅是一个抽象的概念,是不可能创造出客观存在的现实世界的,所以朱熹又引用了"气"这一概念。

朱熹沿袭了张载的"气"的思想,并且更加深入了。任何个体事物都是由气凝聚而成的,不仅包括单一个体,还包括这一类事物。因此,除了单一个体事物由气凝聚而成外,它还是依照此类事物之理凝聚而成的。这也就解释了只要有气的凝聚,那么也就会有理的凝聚。

理一般都是会先于气,就理和气的关系而言,朱熹认为理不会离开气,并且理是形而上的,气是形而下的,所以两者之间并不存在谁先谁后的问题。

理与气的关系,简单地讲,理是无色、无味、无形的,并且不是具象的,而是抽象的,所以当有动之理的时候,气便会随之而动,即升、浮、动,也就是所说的阳气;当有静之理的时候,气便会随之而静,即降、沉、静,也就是所说的阴气。

这样,在朱熹看来,中国的宇宙发生论所讲的宇宙两种根本成分,于是就产生了。

太极类似黑格尔的抽象概念王国,是不动的,但是确实存在于每个个体之中。阴阳相交生成五行,五行产生物质宇宙。朱熹也是十分赞成之前的宇宙发生论的。

(四)心、性与精神修养

世间的万事万物之个体,都存在理,个体之所以能够成为个体,是

· 143 ·

薪火相传：中国传统哲学及现代化简论

因为理，也就是这个事物的性，而这里的性则是一个个体化的理。

一个人要想成为一个个体的具体存在，必须体现出气。因为理是宇宙的抽象本源，所以对于万事万物都是相同的，但是气不同，因为每一个人的个体情况不相同，所以产生的气也是不一样的。

朱熹更是从这里推导出恶是如何产生的。理是善的，但是人世间的人有善有恶，便是因为气。因为每一个人所处的环境是不一样的，所以有的人因为气所禀受，便成了恶。

在朱熹的眼里，性与心是不相同的。其实性对世间的万事万物之个体都是一样的，也都是理与气合的表现形式。但心是具象的，而性是抽象的。并且心有自己的活动，有自己的思想和感觉，但性不是这样。有一点是明确的，即心的活动可以推导出此心所禀受之气，也就是从性中可以探寻到相对应的理。

孟子的"四端"（仁、义、礼、智），按照朱熹的说法便可以区分开来。"四端"是心的活动，而仁、义、礼、智是理，属于性。通过具体的事物，才可以了解到抽象的事物，只有从心，才能知道性。这也是朱熹理学和陆王心学不同的地方。

朱熹对于个人的精神修养，也是利用太极来说明的。他认为人人都有一个完整的太极，太极就是宇宙万事万物之本根。但是每个人都会受到后天之性的影响，于是会有自身的气，这个气便把太极遮蔽了。也就是说，人的最根本的本性是纯洁无垢的，而后天的影响（社会环境、学习氛围等）会将这个太极蒙蔽。所以要想去蔽，有两个途径，一个是"致知"，另一个则是"用敬"。

"致知"这一途径的基础是《大学》，《大学》里所讲述的"格物"和"致知"便也是这样的道理，也就是说，之所以要格物，是因为要寻求那个永远存在的理的"知"。

朱熹的推导方法，是用具象的物，来寻找抽象的理。而从各种各样具象的物中，知道抽象的理越多，就越容易去除后天所受的气，内心就

第六章　宋明理学

越清楚自身的太极。

而"用敬"其实是一种辅助的手段,是在不断地"格物"过程之中用内心去认真地感悟,这样就会不断地加快进程,可以更加接近内心中的太极。不断地悟,便是不断地理解,只为心中的一朝明理。

第五节　陆王心学思想

一、人物生平

陆九渊（1139—1193）,字子静,号存斋,抚州金溪（今属江西）人,南宋理学家、教育家,陆王心学的代表人物。书斋名"存",世称"存斋先生"。又因讲学于象山书院（今江西贵溪西南）,被称为"象山先生",学者常称其为"陆象山"。

乾道八年（1192年）进士,任靖安县主簿,调敕令所删定官。少闻靖康间事,感慨金军侵陵,遂访勇士,商议恢复大略。并奏陈己见,主张博求俊杰,论道经邦,复仇雪耻。为给事中王信所驳,被命主管台州崇道观,遂还乡讲学。光宗时,知荆门军,曾创修军城以固边防,在任颇有政绩。与朱熹齐名,而学术见解多有不合,主"心即理"说,尝言："宇宙便是吾心,吾心即是宇宙。"又谓"学苟知道,六经皆我注脚"。认为要认识宇宙本来面目,只需认识本心。与朱熹通信论难,曾会于鹅湖,作学术论争。其学术思想,为明王守仁所继承发展,成为陆王学派。著有《象山先生全集》,近经整理为《陆九渊集》。

王守仁（1472—1529）,本名王云,字伯安,尝筑室故乡阳明洞中,世称"阳明先生",余姚（今属浙江）人。明朝杰出的理学家、文学家、军事家、教育家,南京吏部尚书王华的儿子。

弘治十二年（1499年）,中进士,历任贵州龙场驿丞、庐陵知县、

· 145 ·

薪火相传：中国传统哲学及现代化简论

右佥都御史、南赣巡抚、两广总督、南京兵部尚书、左都御史等职，接连平定南赣、两广盗乱及朱宸濠之乱，获封新建伯，成为明代凭借军功封爵的三位文臣之一。嘉靖七年十一月（1529年1月）逝世，时年57岁。明穆宗继位，追赠新建侯，谥号"文成"。万历十二年（1584年），从祀于孔庙。

明代心学发展的基本历程，可以归结为：陈献章开启，湛若水完善，王守仁集大成。王守仁的阳明心学后传入日本、朝鲜等国，其弟子极众，世称"姚江学派"。文章博大昌达，行墨间有俊爽之气，有《王文成公全书》传世。

二、陆九渊心学思想

陆九渊的心学思想代表了宋明理学的深刻转变，其将传统儒学的哲学推向了更高的思辨层面。其核心理念，即天人合一与万物一体的世界观，强调了宇宙作为一个生命体的观念。在陆九渊的哲学体系中，天理不仅是宇宙存在的终极根据，也体现为心理，这不同于朱熹等传统理学家的观点，后者更侧重天理的客观性与外在性。陆九渊主张"心即理"，这一理论强调了个体内心的体验与外在世界的直接关系，认为心是认识真理的根本所在。

在陆九渊的心学思想中，心具有心脏、思维能力、意识形态、道德判断力等多重内涵。其一，心指心脏。心脏是生命的本源，是维持生命活动的中心，这一点与传统哲学的观点相吻合。陆九渊将心视为生命力的根基，认为心脏不但是人的生命之源，也是整个宇宙生命力的核心。这便是"宇宙即吾心，吾心即宇宙"的本义：心是生生不息的宇宙的本源，我心与宇宙借助生生不息之气而贯通一体，这便是天人一体或万物一体。从人类生存角度来说，注经立说也是我心的活动。它本源于我心，完成于经典。我心与经典之间借助气质而贯通一体。六经为我本心之自然。心是本，经是末。这个本原之心，在儒家看来便是仁。借助此

第六章 宋明理学

心或仁，人类才逐渐成为真正的人，并主宰宇宙的生存。其二，心指思维能力。陆九渊进一步扩展了心的概念，认为心不仅是生命的发动机，还是思维与认知的主要器官。在古代中国的哲学体系中，心脏被视为思考的中心，这一观点与现代心理学和神经科学的看法大相径庭。陆九渊的理论中心功能覆盖了现代理解中大脑的角色，认为心能够进行深刻的思考和理解。这种观点在他的许多论述中得到了体现，尤其是在他对经典文献的解释和学习过程中。其三，心为意识的体现。在陆九渊的哲学思想中，意识并非个人的思维活动，其与宇宙万物的本质相连，心的活动是个体内部的思考过程，也是宇宙秩序和道德规范的体现。心这一层面的内涵体现了陆九渊心学的深层次意义，即心与宇宙的统一，展示了一种从内心出发，到达宇宙理解的哲学路径。其四，心具有道德判断力。陆九渊的心学思想认为，心包括形而上和形而下的维度，心是物质世界的反映，也是超越世界的道德和理性的基础。在这一点上，陆九渊的观点与纯粹的唯心主义有所区别，他的理论更侧重心的生成性和创造性角色，认为心是宇宙道德和秩序生成的根源。

陆九渊的心学思想提供了一种深刻的哲学视角，也为后世道德伦理和人文精神的发展奠定了基础。他将心的内涵与宇宙的法则紧密结合，认为内心的修炼是理解和把握宇宙真理的途径。在这一过程中，心是认知的工具，更是情感和道德的源泉。通过对心的不断探索和实践，个体能够不断提升自我，进而推动社会的发展和进步。陆九渊的心学思想对中国传统哲学产生了深远影响，他所倡导的天人合一、心与理的统一，在当时的哲学界引起了广泛关注，为后世的哲学发展提供了丰富的思想资源。

三、王守仁心学思想

（一）吾心即宇宙

朱熹认为性即理，而陆九渊却认为心即理。朱熹的性即理存在两个

薪火相传：中国传统哲学及现代化简论

世界，一个是抽象的世界，另一个是具体的现实世界；但是陆九渊认为只存在一个宇宙，这个宇宙是心的宇宙。

（二）"宇宙"

心的宇宙的概念，是由王守仁来回答的。宇宙是作为一个精神整体来看的，所以只存在一个世界，就是我们要依靠自己的经验去感受的具体的实际世界。这样，朱熹的具象现实世界也就没有了地位。

王守仁和陆九渊一样，都认为心即理。最简单的理解方式，就是用朱熹的哲学理论作对比。在朱熹的理论中，宇宙万事万物之个体，是有理的，也就是先有理，然后再有心。有爱人之理，那么才会有互帮互助之心。但是，王守仁的说法恰恰是反过来的，他认为有互帮互助之心，才会有互帮互助之理。

根据朱熹的说法，一切理或者宇宙万事万物之理太极，这些都会永远存在，并不因为时间而改变。但是根据王守仁的心学系统来说，如果没有心，那么也就没有理，心才是宇宙的根本。由此可见，这个宇宙发生论的本体论的不同是导致两家学派不同的根本成因。

（三）"大人"

王守仁用心的宇宙来解释《大学》的"三纲领"（"在明明德、在亲民、在止于至善"）。王守仁认为"大学"其实是"大人之学"，所以如何能成为一名"大人"，也是从"三纲领"之中启发而来的。

"大人"将宇宙间的万事万物看作一个整体，并且将天下看成一家人。那些区分你我不同的人，便属于"小人"。将宇宙间的万事万物看作一个整体，是因为有仁心。"小人"的心不会这样，"小人"的心往往只顾着自己的一方小领域。举个例子，看见有人落水，那么"大人"会因为大家是一个整体，并且心有仁，而上前救助；而"小人"则会先去计较自己的利害得失，再去帮忙。推而广之，"大人"即便看见了动物受到伤害，也会前去帮忙，是因为他心中的仁会认为我们和鸟兽等万事万物都属于一个整体。"小人"之心其实也有仁，只是首先考虑的是自己的利益。

"大人"与"小人"区别的根本在于仁之性，这自然属于明德（这里也可以理解为对《大学》明德的解释）。如果没有那些个人欲望来遮蔽，对于"小人"来说，也是有一体之仁的。就算是"大人"，如果有了私欲，那么也是会丧失这个一体之仁的。所以要想成为一个"大人"，便首先要去除心中的个人欲望，才能明白"明德"的真意。

笔者认为，王守仁对《大学》的解释，其实是在讲述一个人应该怎样成为一个"大人"。

"明明德"之后，便是亲民。"明明德"的人，会将天地万物当成一个整体来看待，那么亲民便是达到对于天地万事万物一体的应用。所以有明德的人要亲民，而亲民反过来讲，可以作为有明德的人的行为准则。

对自己的亲人爱惜，那么推及他人，便是对全天下人的爱惜。如果推广到宇宙间的自然万事万物，便是对于全宇宙的爱惜，这就达到了一体之仁，也就是将天地万物都看作一个整体。

亲民之后，止于至善。人性的本根便是纯粹的善良。那些有灵明的人，会通过自身的一点灵明达到至善的境界。而那些有良知的人才可以做到至善。

（四）"良知"

王守仁将"三纲领"都归于一点，即"明明德"。所谓"明明德"，其含义是遵循于自己内心的想法。世间的一切人，无论是善良的还是邪恶的，都有心。如果大家都没有被个人的私欲而蒙蔽这个本心，那么当人对于某一事物而作出本能反应的时候，便会将本心显露出来。

对于事物最初的反应，会让我们自然而然地知道这件事情应是什么

薪火相传：中国传统哲学及现代化简论

样子的。这也可以理解为作为本性的反应，这个反应所反映出的内心，便是王守仁口里的"良知"。所以人们做一切事情，大概都能按照自身良知的指示，选择这么做的方法。因为如果我们寻找借口，而不是立刻遵行这些指示的话，便会对于良知有所减损，因为这也会丧失至善。那么找借口的本根，便是由于自己的自私而产生的小智慧。

本心和良知之间，其实往往就差顿悟，就是明辨是非，不会再因为自己的私欲而蒙蔽良知。良知其实就是本心的一种表现，通过良知便可以让他们知道什么是正确的、什么是错误的，就本性而言，其实大家都是圣人。这是因为大家的本性其实都是善的，所以王守仁提倡的其实也是孟子的性善论。

（五）"格物"

王守仁的致知，可以说是致良知。自我的修养，不过是要遵从自己的良知罢了。对于"格物"来说，王守仁认为，要想提升自我的修养，不能是禅学所讲的自我沉静思考，然后顿悟，而是要通过处理普通事务的日常经验，在日常的工作和生活之中认真思考应该怎么样才能做好，应该真诚地对待。当知道这件事情不对的时候，也要能够真诚地不去做。

而且，在做事情的时候，不要寻找借口，要心怀诚意地去做这件事情，也就是要遵从良知的指示，如果没有按照良知所要求的去做事情，那么我们所做的事情便是没有诚心的。

《大学》"三纲领"后面有"八条目"（"格物、致知、诚意、正心、修身、齐家、治国、平天下"）。"八条目"在王守仁看来，最终会归结于一点，即"致良知"。

良知是内心的善，是宇宙从内心出发进而实现了统一，也就是《大学》里面所讲的"明德"，所以致良知也就是明明德。

如果将人心看成天，那么私欲便是人与人沟通的障碍。因为大家都有心，而且大家的天是一样的，因为有了私欲，所以有的人便会看不见自己的天，因为他被蒙蔽了。所以，要想能够看见本心之天，便要破除私欲所产生的障碍。

（六）"用敬"

这里的用敬和朱熹的"用敬"是不一样的，朱熹的用敬是作为格物的辅助手段。而王守仁的用敬其实仍然是遵循自己的本心。王守仁的精神修养方法也是用敬，讲究从内心的本身出发，而后再用敬畏之心来用敬，否则将会什么也得不到。

第七章　明清时期的哲学

第七章 明清时期的哲学

第一节 明清传统哲学由"修德"转向"经世"

宋代理学的思想历经改朝换代,到明清时期有了新的发展变化,要想探究其新变化的成因,便需要去看明清时期的中华文明的新变化。

首先从生产方面来说,明清是人口急剧增长的时期。虽然明末清初发生了战乱,但是人口总数还是在平稳增长。人口的增长,说明了当时经济在不断地发展,社会条件也在不断地改善。从另一方面来看,清代实行的"摊丁入亩""滋生人丁永不加赋"等优惠政策,都在促进人口的增长,而且人们也不用再因为赋税而隐匿人口。

人口的增加对于资源形成了相当大的压力,在清朝表现在地少人多。在清朝的盛世时期,社会出现了大量的失业人口,劳动力过剩。并且教育的普及程度也在不断地下降,国民素质的下降,成为产生社会动乱的根本原因。要想更好地解决这个矛盾,在当时看来,并没有什么良好的对策。

明清时期发生的人口和土地之间的矛盾,促使农作物和农业生产技术的提高。明清时期,中国不断地引进外来农作物,如番茄等。农业种植技术得以提高,从农具方面来看,当时出现更多的农业肥料和农业生产技术手段,从而充分挖掘农业生产的潜力。

明清时期的手工业也得到长足的发展,以纺织机为例,这一时期已能织出多种花色品种的丝织品。冶铁技术也有了不小的改进。例如,明代采用了苏钢的工艺技术,并且改进了灌钢法,控制灌淋接触面从而控制了含碳量。苏州的冶炼技术在明代也非常先进,明代吴地采用了著名

· 155 ·

薪火相传：中国传统哲学及现代化简论

的苏钢法，即在炉口以火钳夹住生铁板，使之熔化后流入火炉熟铁中不断翻动，就可以得到成分均匀而杂质少的钢材。清代冶炼技术有了新的进步，所谓"自欧冶子铸剑，吴中铁工不绝"。农业、纺织、建筑和交通各行业都需要优质钢铁，苏州钢铁业不断发展，同治年间为了制造轮船，华蘅芳说："苏州阊门外旧有钢行三家，以李永隆为最，其业专炼铁取钢。"并称"其钢甲于天下"。

由此可见，明清时候的炼铁技术的发展可以说是相当迅速的。另外，在凿井、制糖、制瓷等方面，生产技术也有很大的进步。总之，明清时期我国的生产力仍然在不断地向前发展，并没有沦为有些人所想的"停滞的帝国"。

明清时期的商品经济十分发达。当时我国的商品经济发展迅速，并且全国统一的市场也在慢慢形成。粮食、牛羊、衣服、丝绸、瓷器等商品大量进入市场，而且可以被运输到全国各地。在市场竞争作用的影响之下，各种谷类作物和手工业生产的区域也在逐渐形成，划分渐渐清晰起来。因为区域化生产基地的形成，所以价格也变得便宜了起来。很多大宗货物可以从地方上的乡村市场，通过城镇一级的市场、地方的中心市场、区域市场从而流通于全国，市场网络已经形成。

明清时期出现了巨大的商业资本活动，富商以南方地区的徽商和山西地区的晋商最为出名。他们往往形成宗族势力，并且主要通过运输贩卖盐来获取巨额利益。这些商人的资本少则有数十万两，多则有百万两，可以说实力相当雄厚。

商品经济的发展，货币的大量流通，相应地便出现以金融业务为主的交易机构。明代已经出现钱庄，可以说其出现推动了民间工商业的发展，并且促进了商品的流通。信用良好、运作灵活、周转迅速、精打细算，这些都是古代钱庄的特点。

明清时期，钱庄、银号（中国封建社会后期出现的一种金融组织）都在大型城市中开设店铺，并且信誉高的、店铺多的钱庄发行的钱票、

第七章　明清时期的哲学

银票可以在全国各地流通，许多大宗交易即以票据形式进行支付。到了18世纪末，又出现了以汇兑为主要业务的票号（古时一种专门经营汇兑业务的金融机构），这主要是由山西商人所建立，具有代表性的票号有日升昌等。明清时期的主要金银货币是商品经济发展的一大标志。

明清时期，我国已经产生了资本主义。资本主义的生产关系，其必要基础便是生产力的发达、商品经济的发展。在我国资本主义生产关系发展的初期，工场手工业尚不发达，不发达的原因便是没有出现西方那样机器大生产的集中型的工业制度。

著名的李约瑟难题便是关于明清经济的发展问题，即尽管中国古代对人类科技发展作出了很多重要贡献，但为什么科学和工业革命没有在近代中国发生？这个问题现在仍然需要学者去探究。

明清时期我国建立了高度集中的专制主义中央集权制度，其最显著的特征是君权的高度集中，相权也不能进行干预。明朝从朱元璋即位开始，便取消了宰相的职务，由皇帝来掌握六部（吏部、户部、礼部、兵部、刑部和工部）。清军入关后，便有了满汉矛盾。汉人一般也只能去担任副职，即使有功劳，也不能被封为王。此外，清代还大兴文字狱，诛杀知识分子无数，还查禁书籍，并且诱导文人从事脱离实际的考据，从思想上进行压制，就像鲁迅先生在《孔乙己》里所写到的茴字的四种写法一样，虽然是一个缩影，但也可以看出在清朝残酷的文字狱之下，文人的思想受尽压制。

在对内统治方面，明清时期还拥有一套严格的管理制度。朱元璋曾经是农民，后来当上了皇帝，所以他管理国家就像是在管理一个大农村一样，把人民分为三个等级，分别是民户、军户、匠户。到了清朝更是沿袭了明朝时期的闭关锁国政策，使中国人不能及时地睁眼看世界，而是依旧停留在天朝上国的美梦之中。

总之，明清时期的许多政策是导致我国由先进变成落后的重大原因。不过中国明清时期的经济发展却是不可抗拒的，所以在明清时期我

薪火相传：中国传统哲学及现代化简论

国的总体实力依旧远远领先世界其他国家，而且明清时期我国依旧有很多著名的发明。

因为生产力的大发展，土地和人民的矛盾冲突越发非常激烈。所以，明清时期出现了大量的劳动力过剩，主要是因为土地单产增加，所以精耕细作的现象在不断地加深。这就导致了大地主阶级的减少，而中小地主在不断地增加。明清时期的大地主可以说是相当少的。然而中、小地主阶层却处于一个不断发展的阶段，他们在不断地壮大力量。伴随中、小地主的增加，社会的进步，明清时期的教育事业也有了大的发展，除了各级各类的官学以外，私家书院大为兴盛，所以知识分子的数目也在不断地增加。书院的自由讲学逐渐打破了专制主义的压制，并且由学术批判转向了政治批判，出现了明清时期著名的"党社运动"。

从明清时期的新思想来看，由于儒家思想是中国封建社会的主导思想，所以宋代儒学士子将儒学发展成了理学，并且还提倡"存天理，灭人欲"，这就表示宋朝时期的理学将儒学发展得有些极端，并且背离了"天人合一"的古训。于是一些明儒高扬人欲，还认为人欲就是天理，这是当时工商业发达、私有财产观念日益深入人心的反映，也是社会进步的表现。

率先提出"人欲即天理"的是李贽，李贽和主张道即天理的那些明儒道学家相反，主张"人即道，道即人"，就好像道已经融入了人们的生活一样，像是穿衣吃饭一般。这世间种种也都离不开道的氤氲。

李贽首先否定了明儒将道抬高到如此高的地位，他将道回归到了百姓身边，认为世间万物都是道，道的存在是离不开老百姓的，也就是将道从这一神秘的"天"的地位，回归到百姓的日常生活。

此外，李贽还非常认可人的欲望，不像是宋明理学家那样对于人的行为规范进行强制约束，他提议"人必有私"，也就是每个人都会有私心，这是不可避免的一个现象，并且即使是圣人也会有私利之心，没有不计较功利的人，应使人人都能随其所欲，人人都可以平等地去争取自

第七章 明清时期的哲学

己的利益。

从这里便可以看出,李贽的哲学很符合当时的社会实际需要,明清时期商品经济的不断发展,渐渐使人们不再满足理学的严格约束。这里有些像西方14世纪到16世纪的文艺复兴,也是经济的不断发展解放了人的需求。

他对儒家圣人的批判,对于儒家经典的批判,在社会上产生了很大的反响,有成千上万人去听他讲学。李贽的著作多次被印刷,在社会上广为流传,最终在其70多岁时因"敢倡乱道,惑世诬民"罪被捕,于狱中自杀。李贽是历史上一位有名的理想主义者,即使是付出生命的代价,也要将自己心中的哲学理想之火保护好。

在李贽之后,其他明代的思想家也认识到了人的私欲的重要性。东林学派以东林书院作为主要阵地,主张实学思潮,主张"知辅行主"。他们还提倡求真务实、实学实用,强调从实际出发,注重讲实学、办实事、有实用、求实益。所以东林党人也主张衣食代表的生存欲,认为田地、财物代表了物欲、所有欲,肯定了私人的正当要求。

明末黄宗羲说:"有生之初,人各自私也,人各自利也。"顾炎武也曾说过:"人之有私,固情之所以不能免矣。"他更加认为,先王不但不应反对人的私欲,反而应该满足人的私欲。

在肯定人的私欲的基础之上,当时的哲学思想家对能使人迅速发财致富的工商业也有了更加积极的认识,工商皆本的思想也在这一时期有所升华,这是明清时期商品经济发展的成果。

除了经济方面的新思想以外,明清时期的政治思想也有了很大的进步,即对封建专制制度进行了深刻的批判,并且提出了新的政治制度方案。这些新的政治思想均带有探索中国式民主政治的特征。中国儒家有一种民本思想,即认为在国家内部人民比君主更加重要,君主的统治必须为人民谋福利。所以便有"天下者,非一人之天下,乃天下人之天下也"。也就是说,统治者不应该专制独裁,如果专制独裁,那么人民便

· 159 ·

薪火相传：中国传统哲学及现代化简论

有权利将其推翻。因为正如上文所说，明清时期取消了宰相制，所以思想上反对独裁的斗争也就发展了起来，达到了前所未有的高度。

对于东林党人来说，他们在政治斗争中提出了民本的思想，重申了国家管理中人民的重要地位。此后，众多重要的哲学思想家就此纷纷提出了自己的观念。而对于合理的政治制度，黄宗羲谈得最多。黄宗羲认为，在法律和君主的关系之上，要反对君在法上，君在法外，要建立一种君民共同遵守的法。

过去中国传统的法律法规是简单的法，并不是天下的法，现在是天下的法则，"有治法而后有治人"。有了这种法，那么人便会明白是否可以在那些规则和法纪之中做事情，无论是君主还是大众都是一样的。如果有的人跳出法律的范围，那么对于整个天下来说，同样是一个灾祸。

黄宗羲还认为天下不能够由统治者一个人治理，从尧舜禹开始，统治者的皇位也是传给有贤能的人，而不是只传给有血缘关系的人。到了后来，统治者将皇位传给了与自己有血缘关系的人，宰相一职被取消了，那么就没有能够和统治者一同协商的人了。所以黄宗羲在这时主张要和唐朝的时候一样，让宰相和天子共同商议和决定国家的大事。关于官吏的职责，黄宗羲认为他们不是为统治者一个人服务，而是为普罗大众服务。

当君主的命令和人民的利益不相符合时，官吏便可以选择不服从。同时，黄宗羲还主张扩大学校的权力，让学校成为一种议政机构。中央和地方都应该在老师的带领下共同议政，以此来维护儒学的权威。并且老师还可以议论政治的得失，还可以提出批评，对于统治者及官僚进行监督。这样的观点是中国民主法治的先声。

明清之际的中国在经济和政治方面出现的新思想，对于中国哲学史来讲，可以说是相当重要的。可惜的是，清政府在政治思想领域实行了空前的思想压制和控制，学界于是转向了考据，知识分子也就都走上了

第七章 明清时期的哲学

纯学术的道路,导致了新思想没有继续发展起来。

乾嘉考据,既可认为是一种学风,也可指一种方法,却不是一种严格意义上的学科。因为这个时期的学者都遵行以经学为主的汉代学术,故称这个时期的学术思想为汉学,又因为他们追求的是一种朴实无华的考据功夫,故又称其为朴学。

第二节　黄宗羲的"新民本"思想

一、人物生平

黄宗羲(1610—1695),浙江余姚人,字太冲,一字德冰,号南雷,别号梨洲老人、梨洲山人、蓝水渔人、鱼澄洞主、双瀑院长、古藏室史臣等,学者称"梨洲先生"。明遗民。明末清初经学家、史学家、思想家、地理学家、天文历算学家、教育家。"东林七君子"之一黄尊素长子。

黄宗羲提出"天下为主,君为客"的民主思想。他说:"天下之治乱,不在一姓之兴亡,而在万民之忧乐",主张以"天下之法"取代皇帝的"一家之法",从而限制君权,保证人民的基本权利。黄宗羲的政治主张抨击了封建君主专制制度,有极其重要的意义,对其后反专制斗争起到了积极的推动作用。

黄宗羲与顾炎武、王夫之、唐甄并称"明末清初四大启蒙思想家",与顾炎武、方以智、王夫之、朱舜水并称为"明末清初五大家",与陕西李颙、直隶容城孙奇逢并称"海内三大鸿儒",亦有"中国思想启蒙之父"之誉。

黄宗羲学问极博,思想深邃,著作宏富,一生著述多至50余种,300多卷,其中最为重要的有《明儒学案》《宋元学案》《明夷待访录》《孟

薪火相传：中国传统哲学及现代化简论

子师说》《葬制或问》《破邪论》《思旧录》《易学象数论》《明文海》《行朝录》《今水经》《大统历推法》《四明山志》等。

二、民本思想

黄宗羲的民本思想由下列五个方面构成。

（一）政治模式

黄宗羲希望通过"托古改制"的方法效仿古代"封邦建国"的制度。如果"封邦建国"的制度无法实行，便希望能够效仿唐初设置"方镇"（藩镇是唐朝中、后期设立的军镇）。也就是说，黄宗羲希望扩大地方的权力，进而可以制衡中央的集权。

这也反映出他的"为天下之大害者君而已"的思想命题。黄宗羲眼里的天下，代表着国家的百姓。这个可以总结为"君为民害"的理论。他不仅认为君主是天下危害最大的人，还提出了"天下为主，君为客"的思想命题，也就确认了人民是国家的主人，君仅仅是为百姓服务的，也就是百姓的代表。这也就是说"君客民主"。

此外，黄宗羲的政治思想里面还有君和臣应具有共同的平等地位和身份，也就是说，要坚持君臣共治天下的治权平等思想。这一政治模式显然已经包含了反对君主制，主张"民主""民权"的思想内容，因此具有相当朴素的民主性。

（二）法治模式

黄宗羲眼里的"法"，不再是封建统治者的"一家之法"，而是"天下之法"，他还提出了"有治法而后有治人"的思想命题。这些思想主张已经明确地包含了天下是人民的天下，应由人民来共同治理的民治思想，这也就包含了以万民之公法治理天下的法治思想。

第七章 明清时期的哲学

(三)经济模式

黄宗羲对于已经存在的沉重赋税制度进行了深刻的批判,还对明清时期不断蓬勃发展的工商业经济提出了有利于其发展的思想主张,例如,"工商皆本"的政策主张。这些思想主张虽然是不切合实际的空想,但是在客观上顺应了明清时期的商业资本主义发展的历史规律。因此,对于当时的实际情况来讲,具有十分重要的启蒙意义。

(四)教育模式

黄宗羲非常重视学校的教育,他将学校的功能定位为指导政治、引导舆论的场所,并且提出了"必使治天下之具皆出于学校""公其非是于学校"的政治主张。这说明黄宗羲主张以学校的学术思想指导社会现实的政治制度。此外,黄宗羲主张改革中国历史上流传已久的教育制度——科举制。他提出了培养人才、选拔优秀的学生要坚持"宽于取而严于用"的原则,还提出了开辟新气象的选拔人才的方法——"取士八法"(科举、荐举、太学、任子、郡邑佐、辟召、绝学、上书)。

(五)哲学思维

黄宗羲融合了王阳明的"心学"与他的老师刘宗周的"诚意""慎独"之学,也就是将王阳明的"致良知"说,解释为"'致'字即'行'字"的"行良知"说,将刘宗周立足于至善之"意"的"改过"说发展为基于"工夫"实践的"力行"哲学,提出了"心无本体,工夫所至即其本体"和"必以力行为工夫"的重要哲学命题,还提出了"一本万殊"与"会众合一"辩证统一的认识方法论。这为纠正当时流行的空虚学风、倡导社会变革提供了新思维。

· 163 ·

第三节 顾炎武的"明道救世"思想

一、人物生平

顾炎武（1613—1682），初名顾绛，字宁人，曾自署蒋山佣，学者称"亭林先生"，江苏昆山人。明末清初杰出的思想家、经学家、史地学家和音韵学家，与王夫之、黄宗羲、唐甄并称为明末清初"四大启蒙思想家"。

崇祯十六年（1643年），成为国子监生，加入复社。清兵入关后，先后依托于弘光政权、佥都御史王永祚、唐王朱聿键、诗社，组织反清活动。后期，拒绝朝廷征辟，一生辗转，行万里路，读万卷书，创立了一种新的治学方法，成为清初继往开来的一代宗师，清学"开山始祖"。

顾炎武学识渊博，对于国家典制、郡邑掌故、天文仪象、河漕、兵农及经史百家、音韵训诂之学都有研究。晚年，治经重视考证，开启明末清初朴学风气。治学以"博学于文，行己有耻"为主，合"学与行、治学与经世"为一，诗多伤时感事之作。

康熙二十一年（1682年）去世，终年70岁。著有《日知录》《天下郡国利病书》《肇域志》《音学五书》《韵补正》《金石文字记》《亭林诗文集》等。

二、"明道救世"思想

顾炎武的哲学思想具有三大问题意识。第一，从本体论上帮助学士寻找一条合理的知识途径；第二，从认识论上解决知识分子没有掌握实实在在学问的问题；第三，从历史观上探求社会发展的规律，为社会改革提供哲学依据。顾炎武的哲学思想主要是以《易》为宗、以史为归。

第七章 明清时期的哲学

（一）"唯物""唯变"的本体论

顾炎武提倡经学致用，给予《周易》极高的历史地位，并且反对在自然和人事之外谈论那些虚无缥缈的天道思想，指出人不能脱离现实社会去探寻那些天道思想，而要从现实生活之中寻求规律。

顾炎武的本体论建立在张载的本体论的基础之上，是朴素的唯物主义，认为世界的本原是物质性的"气"。他通过气的聚散来解释万物的成长和毁灭，并且来说明一切具体的事物都存有局限性和相对性；以气的感应来说明事物之间的联系，解释事物之间有所感应的原因；还通过气的盛衰和聚散来说明精神现象的存在和消亡。这也就引申出了其"唯物""唯变"的哲学见解。

气作为本体而存在，总是通过具体事物来表现自身，可以说，气的运动变化便是具体事物的运动变化，并且气的变化还会反映在事物的相互感应上面。

顾炎武还坚持用物质现象去解释精神现象，也就是一般的事物和所谓的"神"都是由气演变而来的，但只有那些气充沛的才算是"神"。"神"便是人的精神，所以他的这一观点和范缜的形灭论很是相像，都反映事物的变化是依托于事物的具体形态的。

顾炎武十分注重对于知识的应用，认为无论是知识还是学问，都要能够体现在现实社会之中，并且也为实践提供充分的哲学依据。所以对于顾炎武来说，"自强不息，与时偕行"便是他的实践观，也正是因为这一实践观，使顾炎武在明被清朝灭亡以后，仍然坚守着高尚的民族精神和气节。

（二）"博学于文"的认识论

"博学于文"有两个完整的知识体系：一个是自然和工艺知识，另一个则是人文社科知识。对这些知识的讨论将扩大人们的认识范围。

对于自然和工艺知识来说,顾炎武认为不能再将其视为"末艺",而要将其置于和六经等知识一样重要的地位。也就是说,顾炎武认为要提高科学技术等实践学科的地位,同时,其个人也对这些表示出浓厚的兴趣。顾炎武十分重视西方的科学和技术,他接触了西方的造船技术以及火炮等技术后,便有研究的兴趣,认为这些对于我们的国家来说是有好处的。

另外,顾炎武认为一味地遵循旧制这样的思想僵化现象在追求真理的道路上也是绊脚石。他认为要不断地通过学习知识,进而去不断地追求真理,所以顾炎武的知行合一也是有重要的哲学思想价值的。

顾炎武虽然学识渊博,但是他非常谦虚,因为顾炎武认为人的认识终究是有限度的,所以对于真理的追求便是一个永无止境的过程。所以他认为后人的知识水平会远远地高于前人,后人也必定要比前人懂得更多。

(三)"通变宜民"的辩证法

面对着当时社会混乱的局面,顾炎武认为当务之急便是寻找出一条救国的道路。

他在纂辑的《天下郡国利病书》中,首先关注的是土地兼并和赋税繁重不均等社会积弊,对此进行了有力的揭露,指出"世久积弊,举数十屯而兼并于豪右,比比皆是",乃至出现了"有田连阡陌,而户米不满斗石者;有贫无立锥,而户米至数十石者"的严重情况。在所撰写的《军制论》《形势论》《田功论》《钱法论》和《郡县论》中,他探索了造成上述社会积弊的历史根源,表达了要求进行社会改革的思想愿望。他指出"郡县之弊已极",症结就在于"其专在上"(《文集》卷一),初步触及了封建君主专制制度问题,从而提出了变革郡县制的要求。他指出:"法不变不可以救今……而姑守其不变之名,必至于大弊。"(《亭林文集》卷六)

第七章 明清时期的哲学

顾炎武认为能够让民得利,才是最正确的道路。并且要能够"藏富于民",让百姓生活富足才是最重要的。

顾炎武在公和私的辩证关系方面,认为人人之有私是一个很正常的现象。他对"私"的肯定,也反映出他对当时社会商业经济发展的肯定。这也是新兴市民阶层的思想意识。

顾炎武的经世思想,也让他对于中国长久的封建专制统治进行了大胆的质疑。他提出了"天下兴亡,匹夫有责"的口号,认为每个人都是国家的一分子,国家的存亡和每一个国家的子民都是息息相关的,所以顾炎武对于清廷采取不合作的态度。

在顾炎武的一生中,他确实是"以天下为己任"而奔波于大江南北,即使他在病中还在呼吁"天生豪杰,必有所任……今日者,拯斯人于涂炭,为万世开太平,此吾辈之任也"。(《文集》卷三)

第八章 中国传统哲学的优异特征

第八章　中国传统哲学的优异特征

第一节　万物一体：普遍联系的辩证观

中国的天人合一从先秦诸子百家开始，经由明清之后，随着西方哲学的传入才开始从原始的天人合一发展到主客二分关系结构。所以就此而言，中国传统哲学的本体论是一种万物一体观念。

这种朴素的万物一体观（原始的天人合一，下面论述"天人合一"，以区分第十一章理想人格的"万物一体"），应该说直到鸦片战争时期才开始进行更加深入的哲学观转变。那么，传统的天人合一总的来说是一种原始朴素的思想，也体现出中国传统哲学中人和天的关系。其实原始的天人合一的缺点也非常明显，即缺乏"主客二分"的思维模式，也就是说，缺乏个体对于自我的认识。

一、缺乏主客二分关系结构

因为长期受到理学的熏陶，尤其是宋明理学之后长期以天压人的思想，中国的百姓一直选择相信统治者的思想，一切都依赖于个体所在的现实社会之中。其实因为长期受到儒家纲常思想的熏陶，中国的百姓遵循伦理纲常，在家按照父母的思想做事情，在社会听从和按照官阶办理事情，在更大的国家层面则按照当权的统治者阶层的思想来做事情。

无论是孔孟，还是宋明理学，哲学思想和政治方面的结合都相当紧密。即便有少数思想家提出了站在百姓立场的思想，例如，黄宗羲的"民本"、顾炎武的"经世致用"，但总的来说，仍然是以封建专制王权的统治阶层的意志为主要的思想。所以从这个角度来说，中国传统哲学

薪火相传：中国传统哲学及现代化简论

里面关于个体的精神自觉便变得相当困难。

在中国传统的百姓阶层，个体是以服从于上层阶级的意志为主，并且上层阶级还利用中国传统的儒学等学派的思想，加强其思想统治。所以个体这样的思想盲目性会导致对于外在的客体欠缺认识，通俗来讲，便是不再重视自然和人的关系，传统的个人思想也就不会过多地考虑认识自然和征服自然，于是就出现了中国长期不重视科学技术、自然科学研究的现象。

二、缺乏理解

在个体与个体之间的关系上，长期以来封建等级制度的影响，让个体与个体之间缺少相互沟通和理解。中国传统的百姓阶层缺乏自己的个性，宋明理学对中国百姓的思想影响较大，长期以来其所提倡的"天理"，尤其是朱熹等的道德要求，强调人们遵循这个道德标准去做事情，而缺乏对于个人的个性培养。

我国的传统思想里，都有一个圣人的标准，也就是说，提倡大家成为什么样的人，而不是让自己顺着个性的发展成为什么样的人。一旦道德标准形成，便是对于人的个性和独特性的束缚。当然也由于当时的科学技术和经济的不发达，使本就沟通较为困难的社会，变得人与人之间的交流更加困难，造成人与人之间缺乏理解，那么推广到人与自然之间便更是缺乏理解。也就是说，人们长期在被构建的天之下进行思想的交流，而非是在现实的自然世界之中，进行人与人之间的平等交流和沟通。

三、天与人性

中国传统哲学的天人合一，并非人与人之间的交流与合作，而是在较为抽象的领域，讲究的是人之性与天的沟通。当然这里的天在中国哲学史上既有自然之天，也有道德之天；既有抽象的天，也有现实的天。

第八章 中国传统哲学的优异特征

但沟通的方式都是通过人的精神,这里的精神在不同的哲学家那里有不同的称呼,从先秦道家的"无",再到魏晋新道家的"玄";从孔孟的"仁",再到宋明理学的"理"。但是殊途同归,都是在讲人之性是如何与天进行沟通的。

笔者认为,孟子对此的讲述是较好的,所以以此来做解释。

孟子的"四端"(仁、义、礼、智),表示人都有一个相同的本性。如果将"四端"扩大来讲,就会上升到"四德"。这个途径便是发挥心官之思,这样的人就会成为《大学》里所讲的"大人",就有"三纲领"和"八条目"。

若是再将"四端"继续向上,便达到了孟子所言的"圣人"。但是需要注意的是,孟子的思想和政治的联系相当紧密,所以这里的圣人也要听从于统治者的意志。但是无论怎么说,孟子还是营造出了一个能够展现自我个性的环境并且影响着后世,塑造出一批又一批具有家国情怀的高尚之士。

但是在孟子以后,关于个人人性的发展,渐渐被一个抽象的总的本根之性所代替,通俗来说,便是人民的思想长期处于压抑的状态。所以,孟子关于个体人性的发展在中国传统哲学里是相当宝贵的。

在人和自然的关系上,中国传统哲学里的沟通,主要讲究的是人之性和天进行交流。这是一种在精神层面上的交流,并非个体通过实践认识,积极参与对于自然的工作之中,这就表明此时的人与自然的关系仍然是不清晰的,是较为朦胧的认知。

在原始的天人合一中,人和自然不是相通的,因为人对于自然的理解是停留在精神层面的沟通,所以人并不是真真切切、实实在在地认识了自然。

所以这里的"相通"蕴含着一层辩证的关系,不是在说人认识自然,而是在说这实际上是一种人和自然本来就存在的联系。例如,人通过种植作物获取粮食来求得生存这样的现象。真正的"相通",还是要

薪火相传：中国传统哲学及现代化简论

在现当代哲学里才能实现，即在主客二分关系结构的基础之上，再去对于自然有所领悟，真正意识到人是存在于世界之中的。

第二节 道德教化：仁爱为主的伦理观

伦理学源于古希腊。伦理是指在处理人与人、人与社会之间相互关系时应遵循的道理和准则。它是指一系列指导行为的观念，是从概念角度对道德现象的哲学思考。它不仅包含人与人、人与社会和人与自然之间关系处理的行为规范，而且蕴含依照一定原则规范行为的深刻道理。

在中国，以儒家为代表的封建伦理思想，一直在两千多年的封建社会中处于统治地位。中国传统伦理思想的一个重要特点，就是中国的伦理学思想、政治思想、哲学思想三者一直以来都是结合在一起的。

到了宋明理学以后，理学家想把哲学转换为伦理学。中国传统伦理的主要思想有以下三点：第一，道德的根源和本质、人性的善恶、道德的评价标准等问题；第二，道德的最高原则，如义利之辩、理欲之辩；第三，道德修养、人生意义等问题。

中国传统哲学以仁爱为主的伦理观主要体现在以下三方面。

一、儒家的人己一体

孟子的性善论认为，人都有不忍之心；王阳明也说人的先天之性是纯洁无垢的。也就是说，人性受之于天命，儒家将人的天性和封建道德的天理建立起相关的联系。所以在中国传统哲学史上，便建立起了长期的以天压人的思想。儒家道德标准规范的建立，便不再肯定个人的私欲，认为人性里面的欲望是对于天性的遮蔽。

同时，儒家的重天理，也说明了对于自然是缺乏重视的。但是，值得肯定的是，儒家的道德规范是建立在人与人之间，有着一种同类感，这种同类感就是儒家认为大家可以和谐相处的前提，无论是张载的"气"，还是朱熹的"太极"，这是大家都可以达到的。

二、万物一体、民胞物与

从张载关于"民胞"的思想（张载的思想并没有说明人与人之间要进行平等的爱）开始，王阳明比张载的"民胞"进一步有所发展。

王阳明的主要观点在于从"心"出发，认为"万物一体"同"物与"和人因为吃饭而杀死牲口这样的关系并不是对立的。因为，人只要是有仁之心，便可以不随意宰杀，而只是为了吃饭而宰杀动物，这样也是对于动物的关爱。所以，从这个角度来看，王阳明的思想包括以人类为中心（主客关系对立式）的理念。也就是说，王阳明承认的是人与物之间是有不同的，这一点不同便是在人心之上的一点灵明。有了这点"灵明"，人是可以进行思考的，这是高于动物的地方，但是秉持着儒家自古传承已久的"仁爱"的道德观，王阳明也认为人和其他万物之间要互相尊敬，即便是有利于人类的生存，也要做到有节制地宰杀。这个节制便体现了儒家的"仁爱"思想。

其实荀子对于人与物之间的价值高低作了一定的区分，在荀子看来，人因为有了道德意识，便处于最高的地位。其实这也就可以推导出来，荀子认为能否拥有道德意识是对人价值高低的判断。

戴震和荀子也是相似的，戴震认为人之所以处于对其他事物的主宰地位，是因为人自身有道德意识。

而到了宋明理学，程朱提出了"理一分殊"的学说。"理一"是建立在万物一体论的基础之上，"分殊"则是在说明人和其他万事万物的高低之分。也就是说，在包含着人与世间的自然万事万物的基础之上，人的价值高于其他的自然万事万物，因为人类是有知觉的。这个知觉，便是其他生物所不具备的，如果更具体一点的话，就是人类有仁爱之心。

薪火相传：中国传统哲学及现代化简论

三、"庶人不议"

如果从伦理政治思想来看的话，就要从儒学的开创者孔子来讨论。孔子在《论语·季氏》里说："天下有道，则庶人不议。"在孔子看来，普通人不去随意谈论政治，就是最好的状态。

孔子以后的所有儒家思想也都是从这个原则出发，即便是后世的儒家学子为官者，也都在积极地向皇上提建议。但是这里要注意的是，君臣之间本身就是一种不平等的关系。

此外，孔子所说的"仁"也在讲关系，这个关系便是依照儒家的伦理纲常来说的近与远。从孔子的视角来看，是一个人按照事物与自己不同的远近关系来讲究"仁"。这不同于人和人之间是平等的，这和墨子的"兼相爱"截然不同，墨子的兼相爱是在承认人与人直接平等的关系上，讲究个人与他人之间的互相尊重。所以，从这方面来说，孔子的"仁"始终处于一种不平等的关系上进行对话。从对待君主是服从、对待父亲是孝顺、对待自己的兄弟姐妹则是互相尊敬等的儒家伦理纲常可以看出，这本身就是一种不平等的对话。所以说，儒家的伦理观是存在人的地位差异的。

第三节　积极入世：内圣外王的修养观

"内圣外王"是儒家的主要学术思想之一。"内圣"指的是君主对国家内部的治理调和，也被认为是儒家学子对自身品格的修行依据；"外王"是指君主对其他国家和国内人民的政策战略，而在个人修行方面，也是儒家学子处理人际关系的思想指导。

儒家"内圣外王"的人格理想追求早在春秋时期就已初见端倪。《左传》中所谓"三不朽"之说，其立德、立功、立言的次序排列就已

第八章 中国传统哲学的优异特征

蕴含了"内圣外王"的意思。孔子的"修己"与"安人"并进,而"安百姓"的"为己之学"也有同样的意思。

内圣主要表现为善的德行。善的具体内容是广义的人道精神,其基本观念则是儒家的仁。原始儒家以仁为核心,孔子曾把"恭、宽、信、敏、惠"视为仁的具体内容,这些品德从不同方面展示了内圣的品格。后来儒家一再强调的仁、义、礼、智、信等,也可视为人格的内在规定。

与正面确立仁德相联系的是克己,后者在另一个意义上体现了仁:"克己复礼为仁。"除了仁德之外,内圣在某种意义上还表现为仁与智的统一。智是一种理性的品格,缺乏这种品格,主体往往会受制于自发的情感或盲目的意志,很难达到健全的境界。所以从先秦原始儒家到宋明理学,都一再将理性的自觉看成达到内圣的必要条件。

第四节　天下大同:和谐安定的社会观

社会观,顾名思义,通常是以社会关系作为主导的,也就是什么样的社会性质,便会产生什么样的社会。这在哲学上不是关于人与社会的关系,而是对于社会基本问题的总的探讨方向。人生活在社会中,就会有社会观。

一、君子立于天下

儒家认为,一个人要有治国平天下的"大同"格局,也就是说,从个人的内心修养出发,去实现积极的天下大同的思想。

儒家提倡关于君子的学说,君子指品德高尚的人,或者说是对自己品德有要求的人,有时候也指在上位者。

儒家的君子就是西方文化所指的绅士。无论是君子还是绅士,都是

薪火相传：中国传统哲学及现代化简论

一个社会所倡导的一个人应成为的样子，或者说是努力的方向。他们都具有高尚的品德、良好的修养以及强烈的社会责任感。

不管哪个时期的儒学，亲亲而仁民，仁民而爱物，都是最基本的关系教育。出入则孝悌，是说对关系的认知教育是从小开始的。首先是祖先（曾、高、祖、父）、自己、传承（子、孙、曾、玄），这是纵向的关系，纵向的关系回答了"我从哪儿来"的问题。其次是亲族（伯、仲、叔、季）、戚族的关系，这回答了"谁是我们的朋友，谁是我们的敌人"的问题，这部分是通过丧服制式加以规定和区别的。

西方的绅士需要具备四个特点，即英国思想家、教育家约翰·洛克所说的爱心、诚实、礼仪和学习。君子与绅士有着高度的一致性。

二、仁天下社会治理

孔子奠定的儒学理论的基本构架，经由孟、荀等的内外扩充，形成了一个成熟的、开放的、兼容性极强的思想体系。儒家思想对中国文化的影响很深，几千年来的封建社会，传统的责任感思想、节制思想和忠孝思想，都是它和封建统治结合的产物。儒家学派对中国、东亚乃至全世界都产生过深远的影响。

如果划分时期的话，可以说，孔子、孟子、荀子三位大师，基本上属于原始儒家，即最早的儒家。孔子是儒学创始人，他最大的贡献，就是建立了一套完整的仁学体系。这个"仁"就是"仁义"的"仁"。孟子把孔子的仁学思想发展成一种仁政的学说，由仁爱之心发展为统治者、最高的领导要关爱自己的百姓，要施仁政，儒家的思想又向前迈进一步。荀子的思想更多吸收了齐文化里道家和法家的思想，使儒学达到王道和霸道并重的高度，但是从本质上又没有离开孔子思想。

直到战国时期，儒家思想还只是众多思想流派中的一支，或者说是九流中的一派。到了秦朝，秦始皇采取"焚书坑儒"的政策，很多儒家的著作也被秦始皇焚烧了。

第八章 中国传统哲学的优异特征

儒家思想的积极方面有以下表现：第一，重视教育，并且创造"因材施教"等教学方法；第二，注重道德、礼教、仁义，要求自觉遵从真和善；第三，思想上善于辩证思维，重视自然的农业，重视经验，提倡"以农为本"；第四，提倡以"礼"治国，提倡"伦理政治"；第五，儒家思想统治有力，贯穿了中华民族的大部分时期，对社会发展起到了安定、平衡的作用。

第九章　中国传统哲学的现代价值与教育意蕴

第九章 中国传统哲学的现代价值与教育意蕴

第一节 中国传统哲学的现代价值

中国传统哲学蕴含着深厚的智慧与文化底蕴，在现代社会中展现出了独特的价值。随着全球化进程的加快，传统哲学的核心思想如本体论、人本主义与仁爱思想为人们理解自我与他人、人与自然的关系提供了重要的视角。这些思想能帮助人们应对现代社会的伦理困境与人际关系挑战，更能使人们在追求物质与精神平衡中找到指引。面对快速变化的时代，重温这些传统智慧，挖掘其现代意义，能够为人们提供更深刻的洞察与启示。

一、中国传统哲学本体论的现代价值

中国传统哲学在现代社会展现出了其深远的价值，尤其是在本体论的视角下。"传统哲学作为心性修养学说，非常重视德行的涵养，而其涵养功夫主张致虚极、守静笃，尽心知性，知行合一。"中国传统哲学从先秦开始，经过历代哲人的思考与阐发，逐渐演变成了一个丰富而深刻的哲学体系。

先秦时期的传统哲学注重内心的修养，强调通过德行的提升来达到人与自然的和谐。随着时间的推移，理气心学的出现为这一理论增添了更多实践性的内容。例如，周濂溪提出的"主静立极"强调内心的宁静与稳定，陆象山则提出"心即是理"，强调内心理解与宇宙理性的统一。这些理论强调内心的修养关乎个人的道德提升，也与人们对宇宙法则的理解密切相关。在理学的发展中，程朱理学通过"居敬存诚""存理

薪火相传：中国传统哲学及现代化简论

灭欲"的原则，引导人们在日常生活中保持敬畏之心与诚实态度，强调心性与外在行为的一致性。这种知行合一的思想为当代人的道德修养提供了重要的参考，鼓励人们在面对现代社会的纷繁复杂时，保持内心的纯净与清明。气学的理论同样丰富了传统哲学的内涵。王充的"天下一气"理论，强调了宇宙的整体性与一体化，指出人与自然之间存在不可分割的联系。张横渠则进一步提出"变化气质""通蔽开塞"，阐述了内在气质对个体行为与心性的影响。

在古代哲人看来，天人合一的关系意味着人与宇宙的统一。人们只有通过内心的涵养与对人德的体悟，才能真正上合天道，进而把握至理。这里的"天"不仅是指自然的宇宙法则，更是指道德修养的最终目标，是人类社会的价值依归。传统哲学的本体论在现代社会中仍具有重要的启示作用，它关注存在的本质，探讨事物之间的关系。这种思维方式促进了人们对现实世界的深层理解。现代社会科学技术快速发展，传统哲学提供了一种反思的视角，使人们在追求物质利益的同时，能够更深入地思考人与自然、人与社会的关系。对本体论的探索，促使人们关注自我意识与存在的关系，激发了个体对生命意义的思考，这种反思为个人的成长和社会的可持续发展提供了理论基础。现代人在面对环境危机、社会不平等时，可以借鉴传统哲学的智慧，以更全面的视角理解自身的角色与责任。

二、中国传统哲学以人为本的现代价值

中国传统哲学在本体论问题上的探讨，尤其突出了"以人为本"的理念，这是一种哲学的深化与创新，也是理解人的本质与价值的核心。人作为社会和自然的基本单元，对其本质的正确理解是构建任何以人为本的理论与实践的基石。以人为本要克服一切对人歪曲的理解，避免对以人为本运用的扭曲和误导，防止偏离以人为本的真正目的和归宿。

探讨以人为本的理念首要确立的是人的地位和价值，这需要从现实

第九章 中国传统哲学的现代价值与教育意蕴

的人出发,这些人是社会的劳动者、建设者,以及公民群体。真正的以人为本应当回避对人的本质的误解或歪曲,确保这一理念的实践不偏离其旨在服务的群体。在构建社会主义和谐社会的语境中,以人为本的理念尤为关键,它要求在社会的不同层面达成和谐状态。这种和谐既是人与人之间的和睦相处,也包括人与社会、人与自然的和谐关系。在这一点上,和谐被视为一种理想状态,它的实现基于人们对社会内在矛盾的理解与管理。矛盾是推动社会前进和进化的动力,如果一个人不能在自我内部达成一种平衡和秩序,那么在更广泛的社会和自然环境中,实现和谐也将无从谈起。人的内在和谐支撑着个体与其他人以及整个社会的和谐状态,是促进个体健康发展的必要条件。以人为本代表着一种价值取向,也是促进人全面发展的手段。人的全面发展包括在物质、精神、文化等各方面的均衡提升,是以人为本理念的终极目标。国家制度和政策的设计应当以推动每个公民的全面发展为宗旨,这样的制度才能够真正体现以人为本的核心价值。以人为本的实践是解决社会矛盾的途径,是通过促进个体全面发展来实现社会整体进步的战略。每一个社会成员的全面发展都是实现社会和谐和社会可持续发展的关键,政府的每一个政策和决策,都应当围绕如何服务于人的全面发展这一核心进行设计与执行。

中国传统哲学以人为本思想的现代价值在教育领域、社会责任感、现代商业伦理等方面也有着重要体现:其一,教育领域。中国传统哲学强调教育应关注个体道德、智力、情感等多方面的发展,强调培养具有独立思考能力与道德责任感的人才,促进个体在社会中的积极参与。其在现代教育领域的融入能够实现知识的传递、对个体潜能的开发与人格的塑造。其二,社会责任感。中国传统哲学提倡个体对家庭、社区与社会的责任,强调人与人之间的依存关系。现代社会中个人的选择往往会影响周围的人,中国传统哲学的以人为本理念提醒个体关注社会整体的福祉,要求人们在追求个人利益时不忘社会责任。其三,现代商业伦

薪火相传：中国传统哲学及现代化简论

理。在市场经济不断发展的背景下，企业的社会责任逐渐受到重视。中国传统哲学的以人为本理念强调企业在追求经济利益的同时，还应关注员工的福祉与社会的可持续发展。这种观念能够推动企业在经营决策中考虑更广泛的社会影响，促进企业与社会的和谐发展。

三、中国传统哲学仁爱思想的现代价值

据统计，《论语》中有109处提及"仁"，根据杨伯峻的《论语释注》，其中，105处与孔子道德标准有关，而关于仁德的定义和特征描述有15处。仁爱思想作为中国传统哲学的核心，其在《论语》中的频繁提及彰显了其在孔子道德体系中的重要位置。其实，"仁"作为一种道德理念，早在孔子之前就已存在，且难以被赋予一个普遍且统一的定义。从历史的角度来看，仁的概念持续演变，每一代的儒家学者都会在前人理解的基础上，根据自己的视角和时代背景赋予"仁"以新的含义。孔子的时代无疑是"仁"思想的一个转折点，他继承了关于"仁"的传统概念，赋予了其更为深刻的道德含义。孔子所强调的"仁爱"主要是指对他人的关爱和敬爱，他将这一概念视为实现个人和社会和谐的基础。孔子认为，通过培养"仁"的品质，个体能够修养自身、帮助他人，实现个人与社会的和谐统一。在孔子的哲学体系中，"仁"的含义涵盖了从个人到家庭，再到社会的各个层面。春秋时代的家庭伦理道德成为社会伦理的基础，"仁"作为一种重要的道德术语，其最基本的含义包括孝悌亲友之爱。墨家、道家以及法家等学派尽管与儒家在学术和政治观念上存在分歧，但同样将"仁"视为一种关乎爱人的重要道德术语。在《论语》中，"仁"既是关于人与人之间相互关爱的表达，也是最高的道德理想和境界。孔子对"仁"的阐释体现了一种人本主义精神，他将"仁"提升为连接天与人、祖先与后代、圣人与普通人的一种道德纽带。在孔子看来，"仁"的实践不仅关乎个人的道德修养，更是实现社会和谐与政治理想的基础。孔子对"仁"的强调也是出于对当时

第九章 中国传统哲学的现代价值与教育意蕴

政治环境的响应。面对当时社会的诸多挑战，孔子提倡回归周礼，强调通过教育和道德修养来实现社会的改良，通过培养仁爱的品质帮助人们回归道德的本源，修复社会的裂痕。

仁爱思想在现代社会依然具有深远的影响力，能够为人们提供道德指引和人际关系的基础，促进社会的和谐与稳定。其一，现代社会科技的发展虽然拉近了人与人之间的距离，但虚拟交流常常无法替代面对面的情感交流。仁爱思想鼓励人们关注他人的情感需求，培养同理心与理解力，提升人际关系的质量，增强人与人之间的信任，建立更加紧密的社会网络。其二，家庭是社会的基本单位，仁爱理念可以促进家庭成员之间的和谐关系。父母与子女之间的关爱、夫妻之间的理解与包容都会因为仁爱思想而得到加强；在社区层面，仁爱可以鼓励邻里之间互助与支持，形成良好的社区氛围；面对突发事件或自然灾害时，仁爱精神能够激励人们团结一致，共同克服困难，展现人性中美好的一面。其三，仁爱观念能够促使人们重新审视自己的行为，强调对他人的关爱，能够使个体在追求自身利益的同时，考虑他人的感受与需求。个体这种道德意识的提升，能够有效缓解社会中的矛盾与冲突，促进社会的和谐发展。其四，仁爱思想强调企业应承担更多的社会责任，关注员工的福祉，维护顾客的权益，积极参与社会公益活动。这种思维模式不仅能提升企业的形象，也有助于构建更加公正与可持续的经济体系。其五，面对全球化带来的文化碰撞与价值观的冲突，仁爱思想为人们提供了一种跨文化交流的基础。不同文化背景下人们的生活方式与价值观可能存在巨大差异，仁爱精神能够帮助人们在尊重多样性的同时，促进彼此的理解与包容。在处理气候变化、人道主义危机等全球性问题时，仁爱思想鼓励各国人民团结一致，共同应对挑战，推动国际社会的合作与发展。

薪火相传：中国传统哲学及现代化简论

第二节　中国传统哲学对审美教育的启示

中国传统哲学强调人与自然的和谐关系，倡导在自然中寻求美的源泉。这一理念反映了古人对自然的深刻理解，激励现代人重新审视自身与自然的联系。人们追寻自然审美的过程既是对外部世界的探索，也是对自我的反思，深入探讨中国传统哲学在审美教育中的启示，能够为现代教育实践提供指导，推动生态文明的实现与人类精神的全面发展。

一、追寻自然审美，促进美学发展

在中国传统哲学中，人与自然的关系一直被视为重要的美学主题。追寻自然审美是对内心世界的深刻探索，这种追寻在美学发展中扮演着关键角色，能够帮助个体建立与自然的连接，使个体增强对美的理解与体验。庄子的自然审美思想为当代美学的发展提供了重要的哲学营养，并为现代审美教育留下了深刻的启示。庄子从人性论出发，强调保存人性的纯真和完整在自然审美中的作用。他在肯定人性价值的同时，论述了人性中存在的机巧之心，以及人性中各种各样的欲望，还有世俗礼仪的牵绊等因素会阻碍和破坏人性的完整与纯真。自然和人的本性是自然审美的重要依托，它们构成了美学的核心内容及审美教育的关键部分。在美学的发展中，自然常被作为一种重要的审美对象。通过亲近自然，人们可以获得丰富的审美体验，这支持了人们更高层次的审美发展，为人们的艺术创作提供了源源不断的灵感。

人类对美的认知始于在自然中的直观体验，因为审美往往基于他们对形象的感知。大自然中无处不在的美景为人们提供了无尽的审美素材，如雨后的山景、暴风雨后挂在天际的彩虹、山间清泉的悠扬歌声、浩瀚大海的壮阔、落日余晖下的晚霞以及秋夜窗前的星空……这些自然

第九章　中国传统哲学的现代价值与教育意蕴

景观既是四季变化的一部分，也是自然规律展现的画卷。自然审美是审美教育的核心内容。自然审美教育涉及在自然中的教学活动，它强调保护审美主体的本性纯真，并根据这种天性来实施教育。在自然美中，审美主体能够丰富自己的审美体验，积累宝贵的审美经验，培养深厚的审美情感，提升自身的审美鉴赏能力。一方面，自然审美有利于审美情感的养成。审美情感亦是美感，代表一种无关利害的纯粹愉悦，与直接的感官快感不同，它是一种高级的情感体验。这种情感在自然审美中显得尤为重要，因为自然提供的是无目的、自由展现的美，无须任何功利性考量。在观赏自然美的过程中，人们能够体验到一种纯粹的、高质量的美感，进而提升个人的审美能力。另一方面，自然审美有利于审美教育的实施。审美教育的核心目的是通过实践活动积累审美经验，增强审美能力，丰富审美情感。传统与现代的审美教育多围绕艺术展开，自然审美提供了一个独特的途径，它以自然界为对象，采取一种平等、亲和、共生的态度进行审美，这使自然审美与艺术教育形成了互补。自然作为审美对象，为人们提供了一种完全独立于人类创造之外的美的形式，其存在本身既是人类生存的基础也是归宿。自然的存在和运动发展规律与人的生理和心理发展规律一致，在审美过程中，人们能够通过自然的美来反观自身，在自然中找到与人性相契合的美学体验，为审美教育提供一种新的视角和实施路径。

现代教育应重视对自然审美的培养，推动美学的发展。教育者应创造条件让学生接触自然，感受自然的魅力。校园要开展自然观察的活动，引导学生通过绘画、写作等方式记录他们的所见所感。在这种实践中，学生能够提高观察力，培养对自然的敏感性，增强审美能力。教育者还要鼓励学生表达自己的感受与思考，通过讨论与分享深化对自然之美的理解，丰富学生的审美体验，促进他们之间的交流与合作。在追寻自然审美的过程中，个体能够获得美的体验，还能在潜移默化中培养道德与责任感。自然的美是脆弱的，人与自然之间的关系需要建立在尊重

薪火相传：中国传统哲学及现代化简论

与保护的基础上。通过接受审美教育，学生能够意识到自然环境的重要性，激发对生态保护的责任感，在欣赏美的同时，培养对自然的敬畏与关爱，促使他们在日常生活中采取积极的行动，保护身边的环境。

二、树立生态审美思想，建设生态文明社会

生态文明的定义涵盖了人类遵循人、自然、社会和谐发展的客观规律所取得的物质与精神成果的总和。它倡导人与自然、人与人、人与社会的和谐共生、良性循环、全面发展及持续繁荣。这种文化伦理心态强调整体性、生态性、人文性和审美上的和谐，旨在建立一个健康、有序的生态审美意识体系。生态文明社会代表一种先进的社会形态，包括政治、经济和文化的革新，也强调人们的思维方式和学术研究的根本变革。生态审美思想源于人们对自然的深刻理解与尊重，这一理念在当今世界显得尤为重要。随着环境问题的日益严重，生态文明建设成为全球面临的共同课题。树立生态审美思想，有助于人们重新审视与自然的关系，促进可持续发展的生活方式的形成。在建设生态文明社会的过程中，重要的一步是培养正确的生态审美观念，意识到人与自然的平等关系，将人的权益与自然的权利及价值并重，考虑人类的长远利益，将自然的保护纳入人类的根本关怀，从而实现一种"诗意的生存"。孟子的生态审美思想为生态文明社会的建设提供了文化上的支撑。他提倡"仁者爱人"的人文精神，重视生态，主张尊重自然的发展规律，采取与自然万物和谐相处的行为方式，追求人与自然的和谐共生，实现天人合一的理想状态，并由此获得精神上的满足和美的体验。孟子的生态审美思想强调人与自然、人与社会以及人与自我之间的和谐。这种思想不仅促进了人与自然的和谐，还实现了对天地化育的赞美，使人在与万物和谐的过程中得到了美的体验和享受。这种体验不是单纯的外在快感，而是基于道德的完满和情感的充实，体现了人的至善道德品质和主观能动性。孟子提倡个人道德修养的实现与自然的和谐共生，这在一定程度上

第九章 中国传统哲学的现代价值与教育意蕴

补充了道家完全顺应自然的倾向。

在中华传统文化中，自然是审美的对象，也是人类精神寄托与情感归属的源泉。理解这种深层关系能够增强个体对生态环境的责任感，促使人们反思自身行为对环境的影响。在生态审美的框架下，自然被视为一个有机整体，人与自然之间的关系不再是单向的占有，而是相互依存的共生。这种思想转变促使人们在日常生活中作出了更加环保的选择，从而推动了生态文明的建设。审美教育可以通过培养学生对自然的敬畏之心，让他们意识到生态系统的复杂性与脆弱性，增强他们的生态意识。在城市化迅速发展的背景下，自然景观的消失让许多人对自然美感到陌生。对学生进行审美教育能够引导他们发现周围环境中的自然美，感受到乡村与城市中蕴含的生态价值。对自然景观的欣赏既能够带来视觉满足，还能够引起情感与心灵的共鸣。欣赏自然美的过程能够激发人们对环境的热爱，从而形成更强烈的环境保护意识。

个人的道德修养与社会责任并行不悖，树立生态审美思想意味着每个个体都应承担起对环境的责任，积极参与生态文明建设。通过实践，学生能够认识到自己的行为如何影响周围的生态环境，增强对社会的责任感。在推进生态文明建设的过程中，教育者通过引导学生理解生态审美的理念，能够培养他们的环境保护意识与审美能力，为生态文明的发展奠定基础。

第三节 中国传统哲学对思想政治教育的启示

中国古代思想政治教育因其所处的社会历史时期而有其自身的独特性和局限性，当代思想政治教育的发展应该对中国传统思想政治教育进行批判性继承，这样才有利于当代思想政治教育的发展与完善。

薪火相传：中国传统哲学及现代化简论

一、辩证认识中国传统哲学思想

人们在对中国传统哲学进行学习和研究时，要辩证地认识这一思想体系，做到既不无条件地推崇，也不全盘否定。中国传统哲学并不是一种僵化的理论，而是一个不断发展与演变的体系。教育者应鼓励学生在学习过程中对传统思想进行批判性思考与反思，形成自己的独到见解，帮助学生更好地认识自我，增强他们的社会责任感，促进他们与他人的有效沟通与合作。

在思想政治教育中，辩证认识传统哲学的价值还体现在对历史与现实的结合方面。中国传统哲学中的伦理道德观念与社会责任感对于当代社会的稳定与发展具有重要的指导意义。教育者应引导学生思考这些传统价值在当代社会中的适用性，鼓励他们在传承中创新，以适应快速变化的社会环境。

二、以身作则，树立榜样示范

在思想政治教育方法中，"以身作则"占据核心地位，教育者要通过自己的高尚品德去影响和激励学生，提升他们的思想道德水平。中国传统哲学强调"修身、齐家、治国、平天下"，个人的修养与道德品质在社会中扮演着重要角色，教育者要以身作则，树立良好的榜样，引导学生树立正确的人生观与价值观。

孔子说："其身正，不令而行；其身不正，虽令不从。"意思是出只有当一个人自身行为端正时，他无须命令就能引导他人行动；反之，如果自己行为不端正，即使发号施令也无人听从。孟子亦表达了类似的观点，提道："君正，莫不正，一正君而国定矣。"他认为，国君的正直是国家稳定的关键，一位正直的君主能够确保全国上下的和谐与秩序。荀子在这方面的思想更进一步，他认为社会的秩序始于君主的行为。"君子者，治之原也。官人守数，君子养原；源清则流清，源浊则流浊。"

第九章 中国传统哲学的现代价值与教育意蕴

这里的"君子"特指社会的领导者或君主。荀子认为，社会秩序源于领导者的德行与行为，如果君主能够维持其品德的纯正，那么整个社会就会像清澈的水源一样，保持清洁；如果君主行为不端，那么整个社会将如同浊水一般。因此，对于领导者来说，推崇礼义、贤能，避免贪婪，通过自身的实际行为树立榜样是至关重要的。这种方式能够培养下属的忠诚和守信，还能促使普通民众在其感召下学会信任与公平。

这种以身作则的教育方法同样适用于思想政治教育工作。学生观察到教育者的真诚与努力时往往会产生共鸣，激发内心的向往与追求；教育者的言行一致能够为学生提供直观的学习模板，使他们在潜移默化中受到影响。这种榜样的力量使思想政治教育更加生动与具体，能够有效提升教育的质量与效果。在树立榜样的过程中，教育者还应关注个体差异，根据学生的特点采用不同的方式进行引导。通过鼓励学生发现并学习身边的榜样，教育者可以培养他们的主动性与参与感，让他们在实践中领悟道德与责任的重要性。

三、恰当处理道德生活中感性与理性之间的关系

（一）恰当处理道德生活中的感性文化与理性文化

道德生活中感性与理性是两种不可或缺的力量，恰当处理感性与理性的关系至关重要，影响着人们道德观的形成和发展。感性和理性常被视为对立的存在，其中，感性关联人的自然欲望和感官需求，理性则被看作控制这些欲望的工具。这种观点简化了感性和理性的真实复杂性。感性认识源自人对外部世界的直接感受，是人通过感官对接触到的事物形成的初步、基础认知。理性认识则建立在感性认识的基础之上，涉及有目的的思考、逻辑判断和心理活动，它通过抽象思维处理感性材料，不与认识对象直接联系，而是通过感性认识的桥梁实现间接联系。在道德领域，感性通常与人的原始欲望联系在一起，而理性则是对这些欲望

薪火相传：中国传统哲学及现代化简论

进行有意识的调节和控制。但事实上，感性包括人对外界事物的感受能力，而理性则涉及如何处理人与外界事物的关系，是有目标和计划的行动导向。道德观念的形成首先源于人们对道德现象的感性认识，随后这些认识会通过人内心的理性思考得到提炼和升华，形成初步的道德观念。在这一过程中，理性会通过分析、归纳和推理等方法，将感性认识转化为更高级的理性认识。缺乏理性思考，人们对社会关系的理解就无法从表层现象提升到道德层面。道德观作为社会意识形态的一部分，具有明显的阶级性，是人们在道德生活中应遵循的行为规范。人类自身就是感性与理性的矛盾统一体，感性属于人的天性，较为稳定，而理性则会随个人的成长和经历不断变化。

道德与法律虽然都属于社会意识形态，但二者有着明显的区别。法律受制于具体的规章制度，而道德更多涉及对人性的思考。社会在不断变化，道德观念也应不断适应新的社会条件。只有不断通过感性体验和理性思考来适应社会的变化，人们才能跟上时代的步伐，促进经济和社会的发展。对感性与理性的深刻理解和合理应用对于培养适应现代社会需要的道德观是必不可少的。

在思想政治教育中，恰当处理道德生活中的感性文化与理性文化，需要教育者深刻理解二者的特点。感性文化强调直观与体验，关注个体的情感与需求；理性文化则侧重分析与推理，关注理智与逻辑。在实际教育中，感性与理性的结合能够激发学生的发展潜能，促进他们在进行道德判断时作出更为合理的选择。

现代社会，信息传播迅速，情感宣泄的渠道多样，学生面临着更多的道德困惑。教育者应引导学生从感性出发，思考道德问题的本质，也要通过理性分析，帮助他们建立科学的道德观与价值观。

（二）结合当下文化大环境处理道德感性与道德理性的关系

道德感性通常被理解为与个体经验直接相关的感觉、知觉和表象，

第九章 中国传统哲学的现代价值与教育意蕴

其特点是直接性和具体性；道德理性则位于更高的认识层级，通过逻辑思维和判断，将感性认识升华，形成对事物更深层次的理解。这两种认识形式在道德发展过程中互为补充，不可分割。将它们割裂开来，可能会导致理论上的偏误。道德的产生与发展始于人性，由人从自身的直觉和感知出发，形成对社会现象的初步判断。这些判断随后会通过理性的分析和推理过程得到精简，并最终形成道德规范。这一过程通常不是单次地从感性到理性的转换所能完成的，而是需要在更广泛的社会背景下，经过多次思考和实践才能定型。在现实生活中，道德判断往往牵涉个体与集体、个人利益与社会利益，这就需要人们在道德感性和道德理性之间进行权衡。

人们在处理道德感性与道德理性的关系时，应清楚了解两者的不同和联系，并认识到它们在道德发展中的重要作用。这种深入的理解有助于人们作出正确的道德判断，使之既不偏离感性的直观，也不脱离理性的分析，在全球文化竞争中更好地展示中华民族传统美德的独特价值和智慧。有效整合道德感性与道德理性，可以提升个体的道德水平，有助于提高整个社会的道德标准。这种整合是当前文化建设中不可或缺的一环，特别是在中国文化产生快速发展的现在，更需要人们在保持文化传统的同时，理性地判断和适应现代社会的道德规范。这样，人们不仅能保护和发扬中华优秀传统文化，还能在激烈的国际文化竞争中为国家赢得尊重和影响力。

四、完善道德教育内容，促进社会和谐

在思想政治教育中，完善道德教育内容是促进社会和谐的基础。道德教育不仅关乎个体的道德修养，更影响着社会的整体风气与人际关系。教育者要通过系统的道德教育培养出具备社会责任感与道德情操的公民，推动社会的和谐发展。

薪火相传：中国传统哲学及现代化简论

（一）以"社会主义荣辱观"教育为起点，强化个体的道德意识与价值认同

社会主义荣辱观教育的核心目标是培养人们的廉耻意识、辨别是非的能力，以及明确事情的可为与不可为。这种教育方法既是道德教育的本质要求，也是激励个体建立正确世界观、人生观和价值观的基石，能够帮助他们进行自我评价，实现正当的价值激励和自我需求满足，提高个人的道德素质。社会主义荣辱观的教育强调对社会责任与道德标准的重视，引导学生在面对道德抉择时，明确自己的责任与义务。社会主义荣辱观教育能够帮助学生树立正确的价值观，使他们在日常生活中自觉遵循社会的道德规范，积极参与社会事务，推动社会的良性发展。社会主义荣辱观教育的理论基础可以追溯到荀子时期，他在战国末期就提出了相关观念。虽然荀子的荣辱观体现了封建集权制的需要，服务于当时新兴的地主阶级，但它的核心价值在于对社会和平与稳定的积极贡献。

（二）感恩图报与孝道文化相结合，促进道德教育的深入

感恩图报与孝道文化教育紧密相关，是中华民族的传统美德，代表了人类最基本的道德修养。感恩教育与孝文化相结合，有利于大力提倡孝道，让学生理解感恩的重要性，在情感上引发学生的共鸣。教育者要强化孝敬父母和尊重长辈的价值，孝与感恩相辅相成，孝是内在品质的体现，感恩则是这种品质的外在表现。

思想政治教育应侧重引导学生发现生活中的恩情，感受家庭和社会对他们成长的支持，培养他们的感恩心态。通过对孝文化的宣传和教育，教师应使学生认识到感恩与孝的重要性，理解父母养育的艰辛，在情感上形成对恩情的感知和对社会的贡献意识。道德教育也是一种情感教育，通过感性认识和理性分析，学生能够在内心深处树立正确的道德观念，为构建和谐社会贡献自己的力量。

五、应用各种方法，拓展当代思想政治教育方式

荀子提出的道德教育方法对于拓展当代思想政治教育方法具有重要的参考作用与借鉴价值。为了提升思想政治教育的效果，教育者需探索多样化的教学方法，通过运用不同的教育方式，帮助学生在实践中加深对道德理念的理解，使他们促进道德认知与实践的结合。

（一）注重自我反省的教育方法

注重自我反省的教育方法强调个体在道德成长过程中的主动性。教育者要善于引导学生自我反省，使他们通过思考自身的行为与价值观增强对道德问题的敏感性。同时，使他们深入理解自己的行为对他人的影响，提升道德修养与道德意识。荀子提倡的"慎其独者"自省方法强调了自我反省在道德修养中的重要作用，有利于提升个人的思想道德水平，还可以作为一种心理疏导手段，帮助个人识别并改正自身的道德短板。教育者应引导受教育者建立强烈的主体意识，意识到个人行为的尊严与价值，唤醒内在的善性，将社会的道德规范逐步转化为个人的道德自觉。在这一过程中，受教育者需要不断进行自我审视，通过自省与自律，主动探索和解决自身存在的道德问题。

教育者还要注意及时对受教育者进行心理疏导。一方面，受教育者应主动内化道德教育的要求，发挥自身的心理调节功能，通过自我教育和自省提升道德修养；另一方面，教育体系也应提供有效的心理疏导支持，帮助受教育者从实际出发，激发其自我修养的意识和动机，放弃不良道德观，树立并实践正确的道德观念。这样的双向努力，可以更有效地促进思想政治教育的深入，帮助个人形成严于律己的慎独品质，培养良好的道德行为习惯，为社会的和谐发展贡献力量。

（二）注重道德认知与道德实践相结合的方法

在当代思想政治教育中，荀子提倡的"行高于知"的教育哲学具有重要价值。这一理念强调道德认知和道德实践的紧密结合，指出了道德教育中"知"与"行"的重要性，以及如何有效地将道德知识转化为道德行为。道德教育应超越单纯的知识传授，重视道德行为的培养。虽然道德认知为道德行为提供了理论基础，但真正的道德修养是通过实践体现的。如果没有将道德认知转化为道德行为，那么这些知识将难以发挥其应有的作用。

为了实现知识到行为的转化，教育者应确保学生在接受道德教育时能够理解并吸收相关的道德知识。更为关键的是，教育者需要为学生提供实际的道德实践机会。例如，组织学生参与社区服务活动、访问爱国主义教育基地、参与敬老院的志愿服务等，让学生学会尊老爱幼，增强他们的社会责任感。此外，观察道德模范的行为，学习他们的经验，能够对学生形成正确的道德判断、作出正确的道德行为产生不可估量的影响。通过参与这些活动，学生可以从理论到实践，体验道德行为的实际影响，有助于深化他们的道德认知，促进道德行为的养成。

（三）加强以文化人的隐性思想政治教育方法

文化是一个民族的灵魂，中华传统文化中的伦理道德观念可以通过潜移默化的方式影响个体的价值观。教育者在日常教学中融入文化元素，可以引导学生在接受知识的同时，感受传统文化的力量，提升道德素养。荀子的环境陶冶法，即"注错习俗"，强调环境对个体品格的深远影响，为当代思想政治教育提供了启示。荀子认为，不同的社会环境能够塑造不同的人格特质，这一点在今天的教育中尤为重要。教育者利用这一原理，可以有效地实施隐性教育，特别是通过文化的力量来影响和提高个人的道德素养。

第九章 中国传统哲学的现代价值与教育意蕴

隐性思想政治教育是一种非正式的、潜移默化的教育方式，它能够通过日常生活中的各种文化现象、价值观和行为模式影响学生。教育者可以利用这一方法，从多个方面潜移默化地传递思想政治教育内容。在社会层面，应当广泛传播和弘扬社会主义核心价值观，将这些价值观通过各种文化形式内化于人心，外化于行动。中华优秀传统文化也应得到推广，教育者要通过文化活动和教育来培养人们的道德情感，提高公众的道德认知，强化他们的行为准则。高等教育机构要强化校园文化的建设，通过开展丰富的文化活动和社会实践来培育学生的精神。例如，建立爱国主义教育基地、开设高雅艺术课程和开展志愿者活动能够有效提升学生的爱国情怀、艺术修养及道德品质。这些文化交流和教育活动可以隐性地教育学生，促进他们道德品质的全面提升。当今时代，微博、微信等新媒体平台极大地影响了人们的价值观和生活方式，教育者要想加强对这些平台的内容监管和引导，推动正能量的传播至关重要。教育者通过网络媒体传递积极的社会信息和正确的价值导向，可以有效提升公民的道德素养，构建一个更加和谐的社会环境。

（四）树立弘扬道德建设正能量的榜样教育法

树立道德榜样能激励学生追求更高的道德标准，引导他们形成正确的价值观。荀子的身教示范法，即"仪正而景正"，提倡通过榜样的力量影响个体的道德认知与价值观，榜样的示范作用能够有效引导公众的道德行为。荀子的观点强调了榜样的重要性，认为榜样可以被应用于当代教育体系，以增强道德建设的正能量。教育者应通过榜样的力量引导学生树立正确的价值观。教师自身、身边的优秀人物都可以成为榜样，通过他们的事迹与精神激励学生追求卓越，形成良好的道德风尚。

家庭教育是人生的第一课，父母的行为会直接影响孩子的言行举止，家长行为规范，孩子在道德表现上也会较为得体。因此，父母需要自我完善，不断提升个人的道德修养和行为标准，为孩子树立道德榜

薪火相传：中国传统哲学及现代化简论

样，帮助他们建立正确的价值观。教师在学生的道德教育中也扮演着不可或缺的角色。荀子视教师为重要的道德模范，他指出，教师的引导对学生的知识积累与道德形成至关重要。领导干部对群众具有显著的榜样示范作用。领导者应当严于律己，提升个人道德素养，通过正面的政风和规范的行为，为公众树立道德标杆。社会应当推崇道德模范和先进典型，通过展示他们高尚的人格和道德行为，为大众提供道德上的指引和启发，从而全面提升社会的道德水平。

第十章　中国传统哲学的转型与创新转化探索

第十章 中国传统哲学的转型与创新转化探索

第一节 中国传统哲学"中西马三元并立"的转型

中国的传统哲学以"天人合一"的关系为主,到了近现代转向了人的主体性和主客二分式的结构。随着马克思主义的传入,中国哲学的发展不断地融入马克思主义理论,同时马克思主义理论逐渐与中国自身的国情相结合,中国的马克思主义哲学不断地与时俱进,从而与中国现阶段的发展相适应。

所以现在的中国哲学是在中国传统哲学、西方哲学和马克思主义哲学的共同影响之下,走上了一条适合自身发展的道路。这三种哲学在中国的发展中各自扮演着重要的角色,对于它们之间的相同点和不同点,以及关于中国现代哲学体系的创新和创造性的道路探索,是现在中国哲学界共同探索的有意义的话题。

中国传统哲学起源于先秦诸子百家学说,之后以鸦片战争为主要的分界线与近代哲学相区别。

而从西方哲学来说,从古希腊时期的自然思想家和智者学派以及古罗马时期的哲学,再到最后以黑格尔为主的纯粹的理性主义王国,特别是古希腊哲学家苏格拉底、柏拉图、亚里士多德,都作出了杰出贡献。但是到了中世纪神学占据了主导地位,直到文艺复兴,人文主义散发出了新的光芒,随后的宗教改革王权和普通大众直接向神学发出了挑战。之后在工业革命中,西方的"民主"和"科学"又一次伴随机器的轰鸣而得到了新的发展。海德格尔之后,西方哲学家重新对人的主体性和主客关系结构进行了思考。所以从这方面来说,西方哲学走了一条否定之

薪火相传：中国传统哲学及现代化简论

否定的道路，而且对于现代的哲学体系来说，西方现代哲学正在超越主客关系，迈进"后天人合一"的关系之中。

中国传统哲学和西方哲学都已经在前文做了介绍，下面重点介绍马克思主义哲学。

一、马克思主义哲学的观点

马克思主义哲学是西方哲学的分支，是在19世纪三四十年代产生的，那时资本主义的生产方式已经占据主导地位，早期的工业化在西欧主要国家趋于完成，经济危机也在周期性地爆发，社会阶级矛盾日渐激化。特别是工人运动的兴起，代表了无产阶级立场的社会主义思潮在西方哲学领域形成了最主要的哲学体系，也是马克思主义的理论基础和重要组成部分。

工业文明的兴起可以看作马克思主义产生的前提，而工业文明的兴起大致是从亚欧农业文明的嬗变开始，之后是科学革命和科学思维地位的确立，以及现代民主政治在西欧各国的兴起。在这些铺垫之后，工业革命便由此展开，英、法、德、美等主要资本主义国家都参与其中，在这个时期，德国的古典哲学，尤其是费尔巴哈的人本主义哲学的唯物主义的"基本内核"，被马克思、恩格斯批判性地吸收，成为马克思主义理论的又一来源。

马克思主义哲学是为满足无产阶级反对资产阶级的斗争需要而产生的，符合当时的时代需要，它汲取当时不断出现的工人运动的经验、19世纪自然科学的成果，批判性地继承了人类以往的哲学，特别是德国古典哲学中的合理成分，是对人类优秀文化遗产的总结。其中，德国古典哲学是18世纪末和19世纪初德国新兴资产阶级的哲学，它是启蒙哲学理性主义的发展，既是早期西欧工业化和资产阶级革命的时代产物，也是马克思主义哲学的理论渊源。其主要代表人物有康德、费希特、谢林、黑格尔、费尔巴哈等。

第十章 中国传统哲学的转型与创新转化探索

马克思主义哲学包括辩证唯物主义和历史唯物主义两个不可分割的部分。它批判了黑格尔哲学的唯心主义,吸收其辩证法的"合理内核";批判了费尔巴哈哲学的形而上学,继承了其唯物主义的"基本内核",从而创立了辩证唯物主义哲学。

黑格尔辩证法的"合理内核"是利用辩证法阐述了其一般运动形式,把整个世界看成一个有机联系的统一整体。一切事物都是不断运动、不断发展变化的。黑格尔认为事物发展的原因在于其内部的矛盾,并且提出了质量互变、事物内在联系和矛盾发展、否定之否定三个辩证法的规律。这三个辩证法的规律集中阐释了本质与现象、内容与形式、可能与现实、必然与偶然、原因与结果等的对立统一关系,并从不同的侧面揭示世界的内在联系。

费尔巴哈第一次明确地提出了哲学的根本问题,并且建立了人本主义哲学。虽然他拒绝唯物主义的称号,但是人本主义在本质上是属于唯物主义的。费尔巴哈肯定了自然离开意识而可以独立存在;时间、空间和机械运动是物质存在的形式;人可以作为自然的产物而存在,也就说明人是自然界的一部分,这便是思维和存在统一的基础和主体。费尔巴哈批判了不可知论,肯定了人能够主动认识世界,还肯定了人具备了足够的条件能够掌握客观规律。他对唯物主义的反映论表示了支持,既承认感觉在认识中的源泉作用,又强调过程之中思维的必要性,并且感性认识和理性认识是紧密联系、不可分割的。

马克思、恩格斯还将他们的哲学理论科学地运用于解释社会发展和社会形态的更替,从而实现了哲学主体的转换和哲学对象的变革,并且使得马克思主义哲学体系具有了鲜明的阶级性。

辩证唯物主义批判了旧唯物主义无视物质世界内在矛盾而引起的发展变化及辩证运动,否定了其物质机械论的观点。

辩证唯物主义认为世界的统一性在于其物质性,物质是不以人的意志为转移的主体,并且能够在意志之中得到反映的客观存在。同时,物

薪火相传：中国传统哲学及现代化简论

质是运动的物质，也就是客观运动的载体，所以运动是物质的根本属性；时间、空间是运动着的物质的存在形式。任何形态的物质实体都具有一定的持续性和广延性；时间是物质运动的持续性，空间是物质运动的广延性。意识是物质世界发展到了一定阶段的产物，是人脑的机能和对客观世界的主观印象。

历史唯物主义批判了将自然和历史绝对对立的旧唯物主义，并且批判了无视二者之间辩证关系和辩证统一的唯心主义社会历史观。在历史唯物主义看来，人类社会是长期发展的产物，自然界的物质形态演变和发展是人类社会产生的物质前提。物质生产是人类社会赖以存在和发展的基础，生产力和生产关系、经济基础和上层建筑这两对社会基本矛盾的运动同样是社会发展的基本动力，阶级斗争是阶级社会发展的直接动力。

马克思主义哲学还批判了唯心主义的先验论和不可知论，并且指出劳动实践在认识的发生活动中起着主要的决定性作用，这个观点也是从认识发生的自然因素和社会因素辩证地结合起来看待的。

马克思主义哲学最基本的观点便是实践。实践是人类认识的基础、标准和目的，这也就辩证地揭示了主体和客体、实践和认识、人与环境的相互关系；论证了存在决定意识，社会存在决定了社会意识，以及意识对存在的反作用的关系；并且强调了实践是社会生活存在的本质。因此，马克思主义哲学实际上是实践的唯物主义哲学，其核心在于能动地改造世界，而并非认识这个世界。

在伦理道德的学说方面，马克思主义哲学揭示了道德的本质、道德的阶级性质和其历史性，以及道德的相对独立性和能动性。这也就强调了人们的道德其实最终是受制于社会经济关系的，同时承认道德对于社会经济关系以至于整个社会生活的反作用。马克思主义哲学把集体主义作为与资产阶级的个人主义、利己主义相对立的基本道德原则。

在宗教观方面，马克思主义哲学批判了唯心主义的宗教史观，认为

第十章 中国传统哲学的转型与创新转化探索

宗教是人类社会发展到了一定阶段的产物。马克思主义哲学在承认宗教在社会历史的发展过程中起到巨大作用的同时，深入地分析了宗教的本质、作用，宗教产生和发展的历史根源和最终消灭宗教的条件和途径。

马克思主义哲学是世界观和方法论的统一。马克思和恩格斯运用辩证唯物主义和历史唯物主义分析了资本主义经济发展的规律，发现了剩余价值的规律，从而使政治经济学变成了一门严密的科学；同时，揭露了资本主义社会内部的深刻矛盾，指明了社会主义取代资本主义的必然趋势，以及通向社会主义的正确道路，为无产阶级革命和无产阶级政党提供了分析客观形势、制定战略和策略的方法。

马克思主义在继承了费尔巴哈的思想和黑格尔的思想之后，主要利用辩证法来分析世界，并且在那个时代用哲学的方法为阶级斗争找到一个根本原因，这便解释了阶级斗争的合理性根据在哪里。

显然，马克思主义哲学是时代矛盾斗争的产物，因此可以用来客观、辩证地分析19世纪40年代的阶级斗争，此外，马克思主义哲学的实践观点也强调人的主体性，不同于西方近代哲学，马克思主义哲学将人的主体性体现在普通的人民大众之中，这样便可以运用历史唯物主义的观点，采取以人民为主的方针和方法。

中国传统哲学是原始的天人合一的思想，随着中国皇权专制的不断集中，进而天的道德意义被抬高到一个绝对的领域，这和黑格尔哲学的纯粹理性王国相比，其实一个是在原始的天人合一领域抬高，一个是在主客关系式中抬高，二者殊途同归，都是在思想层面抬高到一个绝对的领域。

二、"中西马"哲学融合构想

要想使"中西马"能够和时代相互结合，进而在中国探索出一条道路，还需要这三者能够不断地融合。这样的融合，笔者在这里提出以下构想。

中国传统哲学方面要注重从哲学的伦理观、历史观、审美观来看，

薪火相传：中国传统哲学及现代化简论

因为中国传统哲学的本体论是建立在有道德含义的天的基础之上的，并不是自然万物，而道德教化是中国传统的三纲五常，这是要舍弃的观点。

（一）中国传统哲学为底

从伦理观来看，无论是黄老之学还是儒家思想，要汲取中国传统哲学中人与自然和谐相处的观点；从吸收佛学之后的新儒学、儒道佛结合的新道家来看，也都在提倡人与自然能够和谐相处，而并非像西方哲学过度抬高人的地位，从而对自然进行随意的破坏，并且让人的物欲不加遏制地扩张，使现代的西方社会物欲横流。

1. 伦理观

中国传统哲学伦理观是一个深厚而广泛的主题，它根植于中国古代的文化、历史和哲学思想之中，历经数千年的发展，形成了独特的道德体系和价值观念。

（1）儒家伦理观。儒家伦理观是中国传统哲学伦理观的重要组成部分，其核心理念是"仁爱"。孔子提出"仁者爱人"，强调以仁爱之心待人接物，倡导"己所不欲，勿施于人"的道德准则。这一思想体现了尊重他人、关注他人幸福的道德情怀。儒家还强调"礼"的重要性，认为礼是社会秩序的基石。通过遵循礼仪规范，人们能够和谐共处，社会得以安宁。礼不仅是一种外在的行为规范，更是一种内在的道德修养的体现。儒家伦理观还注重"忠、孝"观念。忠指对国家、对社会的忠诚，孝则是对父母的孝顺。这两种道德情感被视为维护社会稳定和家庭和睦的基石。

（2）道家伦理观。道家伦理观与儒家有所不同，它更强调自然与人的和谐统一。道家倡导"无为而治"，主张顺应自然，不过度干预，让事物按照其本然之性发展。这种伦理观体现在对个体自由和个人修养的

第十章 中国传统哲学的转型与创新转化探索

追求上。道家还强调"道法自然",认为人应当效法自然,追求内心的平静与自然的和谐。这种追求体现在对简朴生活的倡导、对欲望的节制以及对精神自由的重视上。

(3)佛家伦理观。佛家伦理观以"慈悲为怀"为核心,强调对一切众生的关爱和同情。佛教倡导"四无量心":慈、悲、喜、舍,这是对众生无条件的善意和关怀。佛家还强调"因果报应",认为人的善恶行为会带来相应的果报。这一观念鼓励人们行善积德,避免恶行,以期获得好的果报。

2. 审美观

中国传统哲学的审美观,最根本的便是讲究"美美与共,天下大同"。中国传统哲学的审美观对于什么是美,其实在中国人民的长期社会思维中已经有了答案,所以在这里就要用辩证的方式思考,分清哪些是可以继承的,哪些确实是传统的陋习,进而加以摒弃。

中国的"美",从文学、音乐、服饰等方面来看,突出表现在"和谐"二字,和谐美是中国人一直以来所追求的。例如,北京的天坛和故宫是讲究对称美的典范,对称是和谐的一种,也就是说要不冲突;南方的山水园林要让建筑和自然能够和谐地设计在一起,这样的美不像西方的美那样过于张扬个人的风格和带有强烈的色彩,所以中国的美是柔和、不冲突的,是以一种包容的态度,希望能够将诸多美的元素和谐地放在一起。

3. 历史观

在商周时期,当时的帝王施政要听取百姓的意见。后来,封建专制主义的皇权在不断地加强,这种情况便不存在了。而且中国的历史发展,在不断地提醒人们要善于从过去的失败之中吸取教训,所以从这方面来说,中国的历史观包含过去、现在、未来三个方面。中国人民通过

薪火相传：中国传统哲学及现代化简论

过去来看待历史问题，并且从中吸取经验教训。

其实历史观包括古与今、传统与现在、历史的连续性和非连续性以及中心和周边的关系。

从古与今的角度来看，中国传统哲学有王夫之的"通古今而计之"的历史观，王夫之的历史观的核心是讲究"势"，"势"便是历史发展的总趋势。在王夫之的眼里"天"是由"势"和"理"一同构成的，所以在研究中国的历史事件和历史人物的时候，都要放在以"势"为"天"的宏观角度看待和考察。也就是说，这要求现在的人们能够从历史的流变过程之中看待整个历史，从而也就用"天"的视域来掌握事物的发展变化规律。对于这些历史人物的评价过程应将重心主要放在对于历史的真实影响之上，这样的中国传统哲学观才是一种求真务实的历史观。

所以中国传统哲学的历史观讲究的是从一个大视域之中看待历史，而并非仅从某一个孤立的历史事件推断而来。在这里，"天"便是古往今来的流变的整体。

从传统与现在的角度来看，首先要把握传统的主要特征。传统是具有社会整合性质的言行，起着使具有同一传统的群体凝聚在一起的稳定作用。

这表明，传统是过去人们所遵守的社会习俗，但是这个社会习俗也不一定是正确的，所以要从变化的角度去认识和看待。这样才是现代人对待传统的正确态度。

传统的原本言行其实并不一定是正确的，因为这只是相对而言。可能传统一开始并不是所解释的这个意思，只不过后来的人为了印证自己的言行正确，而给传统增加了新的意思，传统在这里只是一个参照物，当参照物越来越多，那么传统和其本身的言行不一致的地方也就越来越多，所以传统在不断发展的过程中，也就距离其原本言行越来越远。而传统的内容在不断地更新，范围也有可能在不断地扩大，如中国传统的三纲五常，在汉代董仲舒的思想里，为了承认皇权的绝对权威，而被授予了天和人一

第十章 中国传统哲学的转型与创新转化探索

体；而之后到了东汉时期的谶纬神学那里，三纲五常又被加上了神秘的色彩。

另外还需要注意的一点是，传统具有顽固性和更新性。顽固性的意思是，既然传统是在某一时期为大众所接受的观点，那么随着时间的推移，这样的传统可能很难发生改变。就好像中国传统里有裹小脚的社会习俗，即便是后来政府下令废止，但是在社会民间依然执迷不悟，并且有妇女仍然以此为荣。

而更新性如上文所说的那样，在对于某一传统的原本言行之中，因原本言行的说话人和受话人，以及当时的语言环境和社会背景几乎都是特定的，但是到了后来，却因为不断有后人采用原本言行，便给原本言行赋予了新的内涵，所以从这个方面来说，传统也是在不断更新的。

中国现代哲学对于传统的态度便是，对过去的老传统要作出新解释，这个新解释要能和当前我国的社会环境和现实的实际工作相适应，这样便将传统引入现代哲学体系，进而促进现代哲学的不断发展。

对于传统的新解释还要能够指向当前，要在原本言行的特定历史环境的基础上，针对现在出现的问题，对传统进行新的阐释。而且还要明白，这样的解释是在传统的自身活动过程中。

从历史的连续性和非连续性来看，历史的特点就是新旧交替的非连续性。因为每一个历史朝代都可以有公之于众和不能公之于众的历史事实，甚至有些历史事实会在时间的长河里消失。所以历史并不是一条完整的时间事件线，其中有很多断点的事件，因此从这个方面来说，有些史实要靠现代的我们去努力挖掘，才能填补空缺。虽然历史的东西早已经过去，但是历史的生命要在新的事物之中重新焕发光彩。非连续性强调的是历史之中新与旧的差别。而连续性要求在新事物之中继承过去，使这样的优秀传统可以继续下去。其重点在于相通，也就是说，要在非连续性的历史之中延续历史的生命，要靠现代人进行合理想象，从过去、现在、未来之中找到相通的关键，进而达到古今的相通相融。

· 211 ·

相通的关键在于理解，历史事件随着时间一去不复返，所以现在的人要还原历史事件所有的"特定"环节。历史事件因为有人的理解才得以延续下去，理解是今人对古人的理解，所以随着时间的推移，理解也就包含一个又一个历史阶段的理解，这样古与今便可以实现更好的相通。

中国哲学观认为，理解要能够从超出自身的范围里去除陈旧、不符合现代的思想，并融合现阶段新的思想，从而实现更好的理解和包容。

（二）借鉴西方的主客二分和主体性原则

中国哲学不可能再走一遍西方哲学之路，但须积极借鉴西方的主体性和主客关系式，因为这正是我们所欠缺的。所以，现阶段的哲学仍然要发展民主和科学，强调重视知识，这样才能让我们国家的科技发展得更加迅速。

西方的主体性原则，从人文主义开始，要求人充分肯定自己的地位，这一点也是中国现阶段所提倡的。因为在中国的传统哲学里，长期的天压人和封建社会等级的划分，让中国传统里有一种地位不平等的陋习，而且就像上文所说的那样，传统是具有偏执性的，所以现在很难保证不存在这样的陋习。

当然，随着现代经济的发展和社会的不断进步，这样的思想陋习早已经得到了大大的改善。另外，强调人的主体性，不仅是从社会传统地位出发，更主要的是让人能够清醒地认识自己，要以提高个人的境界作为现阶段哲学的主要指导方针。

现在的社会随着国际之间交流的不断加深，交流思想所应用的科学技术可以让现在的人们能够在互联网查到所有自己想看的事物，这样一来，西方近代哲学中过度抬高个人的主体性地位，以至于物欲横行的思想观点也被传入中国。由此，中国现代哲学要把人的主体性思想结合自身的国情进行重新定义。例如，要借助中国优秀传统哲学文化提高人的

第十章 中国传统哲学的转型与创新转化探索

自身境界，也要不断地加深认识，这样便可以使国民素质得到更进一步的提升。

在肯定人的价值的同时，我们也要认识到人和世界本来就是一个整体，这样就会让人对于自然保持敬畏之心，从而实现人和世界的和谐相处。另外，关于人的主体性认识还要能够认识到人与人之间如何实现和谐的对话。

在西方哲学里，因为过度抬高了人的主体性地位，导致人与人之间难以实现对话，因为每个人都把自己看作一个主体，那么主体与主体之间对话，便自然会有隔阂和不理解。正因如此，让每一个人都难以与他人进行和谐的对话。所以在这个问题上，人在认识到自身的主体性的同时，还要认识到人与人其实本身也是一个整体，当然这并非说两个人要完全相同，因为这是很难做到的。

每个人所生活的环境和所接触的知识不同，并且每个人与自己周围有联系的事物也是不同的，所以导致了人与人之间存在必要的差异，但是人与人之间也是可以和谐相处和进行积极的对话交流的，其中的关键便是要能够相通。

相通的关键在于即便是未曾与你有过同样的遭遇，但也要感同身受，这样的相通来自个人境界的提升。从境界层面来说，人是有不同境界的，第一个境界是欲求境界，也就是说，每个人会有满足自己基本欲望和物欲的冲动，这是很正常的。第二个境界是求实境界，也就是说，个人在满足欲求境界之后，在不断的学习阶段，有了主动学习知识的欲望。第三个境界是道德的境界，即说人们在道德水平层面得到不断的提高。例如，见义勇为不再是个体的见义勇为，而是每一个人都会去做见义勇为的事情。第四个境界是人与世界合二为一的境界，人通过认识世界万物，清醒地认识到自身和万物处于一个世界之中，进而促进个人和世界友好相处。

值得注意的是，这四个境界是并存的，并不是说当你跨入下一个境

· 213 ·

薪火相传：中国传统哲学及现代化简论

界的时候，上一个境界便会消失，而是一个人会同时存在于这四种境界中，并且这四种境界会在每个人身上体现出来，所以要判断是什么样的人，关键在于哪一个境界的比重占得最大。

欲求境界比重占得多的人，自身实际生活之中对欲望的追求会更加强烈；求实境界比重占得多的人，自身对于科学知识的追求在增加；道德境界比重占得多的人，会在现实的社会生活之中更加注意个人道德素质的体现；而到了最高的境界，即人和世界融合为一的境界，人们在现实生活之中相处起来会很和谐，也就是达到了与世界融合为一体的境界。现实生活之中，人的境界也是各有不同的，所以对于人与人之间如何进行沟通，就要提升国民的综合素质，进而达到一个理想的境界。

另外需要注意的是，人的个体自主性应该如何实现境界的提升，这其实是一个比较为难的问题，因为个人的主体性地位的提高，必然导致个人对于他人的漠视和不重视。所以对于中国哲学来说，不应再像西方那样将哲学提高到"绝对领域"，也就是到了思想王国的阶段，而是要将哲学回归到大众，这样人人都可以用哲学不断地提升思想境界。

当然境界的提升并不是一时的，因为境界是在过去形成的，要想快速改变其实是很难的，所以人们现在的表现就好像是一个集过去、现在和未来的展示窗口，所以从这个角度来说，要想实现现在境界的转变，便要从过去发现问题，改正传统的不良习惯，并且积极学习更多的知识，来丰富自己的精神世界，这样通过日常生活之中的一点一滴来提升境界。

在西方的主客关系式结构中，正如第一章所分析的，用主客关系式结构作为认识论的人会将人和世界看作两个外在的个体，所以我国哲学在对于西方主客关系式结构的借鉴之中，主要学习的便是对于科学和自然的重视，也就是着重于提高我国的认识论方面，注重对于认识的追求，也就是对于知识的执着追求，这样便可以让人们更加深刻地认识到知识的重要性，以此来提高中国科技人才的水平，当然我们的科学是民

第十章 中国传统哲学的转型与创新转化探索

胞物与的科学之光,所以是和平的科学,也可以说是科学的和平。

第二节 中国传统哲学创造性转化的必要性

中国传统哲学蕴含着丰富的文化遗产,为现代社会提供了深刻的思想资源,创造性转化是推动这一哲学体系与现代社会接轨的重要路径。面对当代社会的道德困境与价值冲突,中国传统哲学提供的伦理思考为人们的行为指引提供了借鉴。对中国传统哲学进行创造性转化,可以使其更好地适应现代社会的需求,增强其生命力与影响力。在企业文化、教育理念等领域,中国传统哲学的智慧能够为建设更具人文关怀的社会提供深厚的理论支持。此节将深入探讨中国传统哲学创造性转化的必要性,为其在现代社会的应用提供理论依据与实践指导。

一、中国传统哲学创造性转化对秩序的意义

中国传统哲学蕴含着深刻的人文精神与道德智慧,对社会秩序的构建具有重要影响。面对现代社会的复杂性与多元性,中国传统哲学仍是维护社会和谐与人心稳定的重要途径。

(一)中国传统哲学与马克思主义哲学融合对社会秩序的促进

中国传统哲学的根基在于传统农业社会,其特有的理论框架与时代密切相关,展示了文化元素与社会历史背景的密切结合。某些哲学理念需在其原始历史语境中被理解,以免成为脱离实际的空泛概念。部分中国传统哲学的观念不局限于特定的历史背景,它们也具有跨时代的适应性,可以与不同文化因素相结合,通过不断解构与重构,实现理论的创新和转化。这些观念中的唯物思想和辩证观点为马克思主义哲学与中国传统哲学的融合打下了理论基础。虽然马克思主义哲学与中国传统哲学

· 215 ·

薪火相传：中国传统哲学及现代化简论

在产生的历史背景、文化传统、精神特质等多个层面存在明显差异，但两者在理论的应用和文化功能选择中逐渐找到了连接点。在马克思主义哲学引入的过程中，与中国传统观念相契合的部分，如唯物论、辩证法及历史观念较快地获得了认同，而那些超出中国传统研究视域的理念则经历了漫长的融合过程。这一异质文化之间的融通证明了两种哲学体系之间存在着共通性。中国传统哲学与马克思主义哲学在更深层次的世界观和价值观上也能找到更多理论共鸣，实现对社会秩序的促进。

（二）中国传统哲学对人心秩序构建的重要影响

其一，传统哲学在促进个体内心和谐方面起着不可或缺的作用。个体的内心世界与外部环境的和谐关系是构建良好人心秩序的基础。中国传统哲学强调自我修养与内省，倡导个人通过不断反思与修正自身行为来实现内心的平衡。这种内省的过程，不仅有助于个体认清自身的价值与责任，更为其在社会中的行为提供了道德指引。在现代社会中，面对激烈的竞争与各种诱惑，个体容易迷失方向。对中国传统哲学进行学习与实践，能够引导个体树立正确的价值观，使他们减少内心的冲突与困扰，增强道德自律。

其二，中国传统哲学所倡导的和谐思想，对于构建人际关系中的信任与理解具有积极意义。人与人之间的信任是社会秩序的重要基础，而中国传统哲学强调的"仁、义、礼、智、信"可以为现代人际交往提供指导。在中国的传统文化中，仁爱与礼仪是人际关系的核心，强调个体在与他人交往时要以诚待人，以礼相待。这种思想在现代社会的应用，有助于减少人际交往中的摩擦，提升社会的整体和谐度。

其三，家庭层面，传统哲学对于亲情的重视也有助于维护社会的基本单元。儒家思想强调"孝"的重要性，将家庭视为个体成长与社会和谐的基石。在现代社会中，家庭的解体与亲情的淡薄常常会导致社会的不稳定。因此，回归家庭伦理，重视亲情与责任感的培养，对于构建稳

第十章 中国传统哲学的转型与创新转化探索

定的人心秩序具有重要意义。中国传统哲学的重新审视与转化，能够为家庭教育提供道德基础，增强家庭成员之间的理解与支持。

其四，中国传统哲学在社会治理中同样具有现实指导意义。许多古老的智慧可以被转化为现代社会治理的原则。例如，"以和为贵"的理念强调在处理社会矛盾时应优先追求和谐与共赢，这一思想在现代社会治理中尤为重要，尤其是在解决群体冲突与社会问题时，和谐共处能够有效减少社会对立与分歧。将传统哲学中的智慧应用于当代治理实践，能够为构建公正、和谐的社会秩序提供理论依据与实践指导。

二、中国传统哲学创新转化对企业文化的意义

中国传统哲学在历史的长河中形成了独特的思想体系，影响了个体的价值观和行为模式，在企业文化建设中也发挥着重要作用。随着社会的快速发展，中国传统哲学的创新转化成为企业文化发展的必然趋势，能够为企业提供深厚的人性论基础、科学的方法论指导和明确的价值观引导。

（一）为现代企业文化建设提供多重人性论基础

中国传统哲学中的人性论为现代企业文化构建提供了深厚的基础，其中，人性论、以人为本、以和为贵的价值观为企业文化注入了丰富的人文精神。这些哲学思想为企业提供了理论上的指导和具有可操作性的方法论，能够有效引导企业文化的建设，进而形成企业的价值观。

1. 人性论

人性论是哲学的重要组成部分，探讨人类的本性、价值及社会关系。中国传统哲学的核心理念"仁""义""礼"等，构成了企业文化中对人的理解。这些理念强调个体的道德修养与社会责任，推动了现代企业文化的形成。在企业管理和文化建设中，人性论的价值尤为突出。

薪火相传：中国传统哲学及现代化简论

2. 以人为本

中国传统哲学高度重视人的地位和作用，无论是孔子还是老子，都强调以人为本的治理和生活方式。在企业治理中，这种思想从最初关注物质资源管理转变为更加重视人的主体性和创造性。从科学管理理论到现代的行为科学管理理论，逐渐确立了以人为中心的管理原则，企业文化的建设被证明是提升企业竞争力的关键因素。企业不仅要关注员工的工作效率，还要注重其心理健康与生活品质，激发员工的积极性与创造力，提升企业整体的工作效率和竞争力。

3. 以和为贵

中国传统哲学强调社会关系的和谐。企业作为社会的一部分，其发展离不开与外部环境的良好互动。通过融入中国传统哲学中的和谐理念，企业能够在内部营造团结合作的氛围，在外部与客户、供应商及社会各界建立良好的关系。以和为贵的文化导向不仅有助于企业的长远发展，也有助于社会的和谐与稳定。

（二）为现代企业文化建设提供科学方法论指导

中国传统哲学拥有深厚的历史智慧，为现代企业文化的塑造提供了宝贵的方法论支持。

1. 人本主义与和谐共生理念

人本主义与和谐共生的理念为现代企业文化的发展注入了新的活力，通过强调人的中心地位与和谐发展，为企业文化的构建提供了丰富的人性化基础和实践指导。

儒家的人本精神强调在组织结构中将人置于核心位置，提倡通过个人修养来引导和提升整个组织的道德和文化水平，这一思想促使企业更加注重员工的个人发展和职业成长，而非仅仅视员工为达成商业目标的工具。墨家的无为而治思想在当代表现为推崇放权和自主管理，这种管理方式能够让员工在较为宽松的环境中发挥创造力，增强员工的主动性和责任感。而法家的严格法度思想则为企业文化建设提供了规章制度的重要性视角，强调在明确的奖惩机制下进行企业治理，确保组织运作的规范性和效率。中国传统哲学还强调道德和文化的重要性。例如，在企业内部树立如诚信、责任、尊重等价值观，通过各种文化活动和社会实践，弘扬这些道德观念，从而塑造一种积极向上、富有创造力的企业氛围。

2. 辩证思维与整体观念

企业管理实践需要面对复杂的决策环境与多变的市场状况，中国传统哲学中的辩证思维与整体观念为此提供了有力支持。辩证思维强调事物的对立统一，要求在管理决策中考虑多方面的因素，平衡各方利益。企业在制定战略时，既要关注短期利益，也要放眼长远发展。通过运用辩证思维，企业能够更好地应对市场变化，及时调整战略，以实现可持续发展。整体观念则强调系统性与协同性，要求企业在运营过程中将各个部门、各项业务视为一个整体。中国传统哲学强调的"和合"思想提醒企业管理者在协调各部门工作时，要注重整体利益而非局部利益。这样的管理模式能够提高组织效率，减少内耗，推动企业的整体发展。

（三）为现代企业文化建设提供价值观引导

价值观是企业文化的灵魂，决定了企业的方向与目标。中国传统哲学深植于人文价值观，为现代企业文化的发展提供了引导。尤其是"忠孝仁爱"和"诚实守信"这些观念，它们为企业文化注入了人性化的深层价值，确保企业在追求经济效益的同时，能够促进员工的道德成长和社会责任感的提升。

薪火相传：中国传统哲学及现代化简论

在"忠孝仁爱"的理念中，"忠"体现了对国家的忠诚和对社会的贡献，强调每个人都应为社会的发展尽力而为；"孝"则涵盖了对家庭的尊敬和责任，这种思想不仅限于对父母的尊敬，更是一种广义上的对长辈和社会其他成员的尊重。这种文化在企业中的体现，便是要求员工对企业忠诚及对同事尊重和爱护。"仁爱"则要求企业在对待员工时展现出关怀和包容，推动企业在决策和操作过程中考虑更广泛的社会影响，强化对公众利益的保护。通过培养员工的广泛爱心，企业可以在内部建立一种互助互爱的正向文化，这种文化能够在企业外部的社会关系中体现出更加积极的社会责任感。诚实守信作为一种基本的职业道德，要求企业和员工在所有交易和互动中都必须保持诚信。诚实不仅关乎言行一致，更关乎对自身行为的真诚反省和公正无私；守信则强调承诺必须得到履行，无论对内对外，都要保持一贯的可靠性和责任感。

这些价值观为企业提供了一种行为准则，更为企业塑造了一种可持续发展的文化基础。通过弘扬这些传统美德，现代企业能够提升自身的品牌形象，更能在激烈的市场竞争中树立起独特的文化优势，实现企业的长远发展和社会价值的最大化。

三、中国传统哲学创造性转化对现代教育的意义

中国传统哲学蕴含丰富的教育智慧，其核心理念在现代教育中仍具重要价值。对中国传统哲学进行创造性转化，可以为现代教育提供深刻的理论指导和实践参考，塑造更加全面、和谐的教育体系。

（一）有教无类

孔子提出的"有教无类"教育理念，是指在教育实践中遵循差异化教学，即针对不同学生的具体需求和特点进行个性化教育，这与孔子强调的"因材施教"原则相吻合。这种理念拓展了教育对象的范围，更为包容。孔子创立的私学是春秋末期最早的系统完备的教育机构，这种学

第十章 中国传统哲学的转型与创新转化探索

校的出现是对当时社会需求的反映,显示了教育逐渐向广大民众开放的趋势。

"有教无类"理念强调教育的普及性与包容性,倡导教育应面向每一个人,而不应因个人的社会地位、经济背景或其他因素而有所偏见。中华传统文化中的"有教无类"思想呼唤对教育公平的追求,主张每个人都应有接受教育的权利与机会。在现代教育实践中,如何贯彻这一原则显得尤为重要。当前社会,教育资源的分配仍存在不均现象,许多边远地区的学生难以获得良好的教育条件。对此,教育政策的制定应坚持"有教无类"的理念,确保每个学生都能平等享受教育资源。通过普及义务教育、设立奖学金、提供助学贷款等措施逐步缩小教育差距,使每一个人都有机会通过学习实现自我价值。教育内容也应多元化,教育者要充分考虑学生的个体差异,鼓励学校根据学生的兴趣与潜能提供多样化的课程选择,以满足不同学生的需求,激励学生积极参与学习,提升其学习动机和成就感。

(二)授业解惑

"授业解惑"体现了教育的基本职能,既要传授给学生知识,更要帮助学生理解和思考。中国传统哲学强调教师的引导作用,现代教育应继续秉持这一理念,教师的职责不应仅限于知识的传授,还包括对学生困惑的解答与引导。

在现代教育中,教师应具备良好的专业素养和人文关怀,能够关注学生的思想动态与情感需求。当学生在学习中遇到困难时,教师要帮助他们找到答案,还要鼓励他们独立思考,培养他们解决问题的能力。开放式课堂讨论、问题导向学习等教学方式,可以增强学生的参与感与思考深度,培养批判性思维和创新能力,使他们在面对复杂问题时更具信心和能力。

薪火相传：中国传统哲学及现代化简论

（三）启发引导

在中国传统哲学中，孔子的教育方式特别注重学生自身的学习动机和主动性，特别是在"不愤不启，不悱不发"的教导理念上。教育的本质是引导学生根据自身的需要和条件进行学习，而不是强加于人，只有学生内心真正觉醒，学习才具有意义。孔子在教学中强调"学而不厌，诲人不倦"的理念，表明了对持续学习的重视。认为教育不仅是知识的传授，更是价值观的灌输和道德品质的培养，通过不断思考和实践，学生可以从学习中获得深刻的理解和个人成长。孔子鼓励学生"择其善者而从之"，这意味着在众多的知识和行为模式中，学生应选择最优秀的学习和效仿，促进自身道德的发展，强化社会的道德标准和期望。

中国传统哲学中强调的"启发式教育"理念在现代教育中依然适用，教师应通过引导而非灌输的方式，帮助学生发掘自身的兴趣与特长。在教学实践中，教师可以利用项目学习、合作学习等多样化教学方法，鼓励学生在实践中探索和发现，激发学生的学习兴趣，提高他们的自主学习能力。在此过程中，教师应扮演"引导者"的角色，给予学生必要的支持与反馈，使他们在探索中不断成长。教师通过创造良好的学习环境，鼓励学生提出问题和表达观点，可以促使学生积极参与讨论，培养他们的团队合作与沟通能力，使他们在学习中感受到更多的乐趣和成就，更好地融入社会。

（四）君子教师

孔子的教育思想强调教师应具备君子的人格，这种人格侧重品德的修养和实践，强调教师在生活中的道德示范作用，认为教师对于学生来说，不但是知识的传递者，更是道德的引导者。

在孔子的理念中，教师的人格修养是其教学活动的基石。一个拥有君子人格的教师，能自我修炼，并以高尚的道德标准影响和培养学生。

第十章 中国传统哲学的转型与创新转化探索

这样的教师在教育过程中能够以身作则,通过自己的行为和决策展示仁爱与智慧,从而营造一个有利于学生全面发展的教学环境。孔子提出教师应"自爱而爱人,自知而知人",指出教师需自觉提升个人素养,还要敏感地鉴别并满足学生的教育需求,起到精神和道德上的引导作用。君子教师的角色还强调教育的持续性和深远性,教育不局限于课堂教学,更涉及如何在现实生活中不断地修身养性,将教育融入日常生活,实现教育的广泛影响。

第三节 中国传统哲学创造性转化的可行性

中国传统哲学作为中华文化的重要组成部分,蕴含着丰富的思想精髓和人文智慧。结合国家政策、文化工作者的努力与群众的参与,中国传统哲学的创造性转化具有可行性,能够为现代社会的发展提供宝贵的思想资源与实践指导。

一、党和国家的顶层设计

(一)中国共产党主导作用的发挥

党的领导为文化传承与发展提供了坚定的方向。新时代背景下,党提出了文化自信的重要性,强调中华优秀传统文化是增强民族凝聚力和向心力的关键。在这一框架下,党的方针政策为中华传统文化的创新转化提供了明确的指导。通过推动文化体制改革、加强对传统文化研究的重视,鼓励各级政府与文化机构结合地方特色,探索中华传统文化的现代表达形式,这种政策引导推动了中华传统文化的传播,也促进了其与现代生活的结合,使之在当代社会中焕发新的活力。

党在全国范围内倡导中华传统文化教育,将其纳入国民教育体系,通过课程设置、活动开展等多种形式，使年青一代接触并理解中华传统文化的核心价值。这种自上而下的设计，确保了中华传统文化在新时代具备持续的影响力。

（二）国家政府主导作用的发挥

国家政府在推动中国传统哲学创造性转化的工作中，承担了领导和指导的任务，促进了中国传统哲学的教育和普及。国家各级政府通过教育体系弘扬优秀的中国传统哲学，如在学校课程中增加中国传统哲学的教学、推广相关的文化活动等，确保中国传统哲学理念得到有效传承和创新应用。

通过政策引导与资金支持，政府可以有效推动文化项目的开展，促进传统文化资源的开发与利用。各级政府应根据地区特点与文化资源，制订切实可行的文化发展规划，关注中华传统文化的保护与传承，结合现代社会的需求推动文化产业的创新发展。政府还可以通过举办文化交流活动促进人们对中华传统文化的传播与认同。通过参与各类展览、讲座、文化节等活动，社会公众能够了解并认同中华传统文化的价值，增强文化自信。政府的支持与推动能为中华传统文化的复兴创造良好的社会氛围，使其在现代社会中占据一席之地。在全球化背景下，国家政府应加强与国际文化的交流与合作，推动中华传统文化走出国门。通过对外文化交流，展示中华传统文化的魅力与深度，同时吸收外来文化的优点，实现文化的相互借鉴与融合。

二、中华传统文化工作者的中坚推动

作为文化的传播者和实践者，中华传统文化工作者不仅是中华传统文化的守护者，更是创新转化的积极推动者。在当代社会中，这些工作者通过多种形式和渠道，将中华传统文化的核心理念与现代生活相结合，为文化的传承和发展注入了新的活力。

第十章 中国传统哲学的转型与创新转化探索

（一）文化工作者的角色与责任

中华传统文化工作者的角色包括教育者、研究者、创作者和推广者，他们在各自的领域中承担着传承与创新的双重使命。教育者通过教学与讲座，将中华传统文化的基本知识和价值观传递给年轻的一代，使学生在学习知识的基础上树立对中华传统文化的认同感。研究者致力于对中华传统文化进行深入探索，分析其在现代社会中的适用性与发展潜力，为文化的创新提供理论支持。创作者利用现代技术和艺术手段，将中华传统文化元素融入影视、文学、音乐等作品，使之更易于被当代人所接受。推广者则通过各种文化活动和项目，激发公众的兴趣，提升中华传统文化在社会生活中的存在感。这些角色的结合使中华传统文化工作者能够全方位地参与中华传统文化的创新转化。

（二）推动中华传统文化的创新实践

中华传统文化工作者能够通过多种形式推动中华传统文化的创新转化。中国传统节日的现代化庆祝、民间艺术的复兴以及经典作品的再创作都是他们积极参与的领域。这些活动保留了中华传统文化的精髓，也通过创新焕发了新生。在中国传统节日的庆祝过程中，中华传统文化工作者会结合现代生活方式，设计更具参与感和互动性的活动，使节日氛围更加浓厚。通过举办社区文化活动，传统节日的文化内涵得以深化，民众对中华传统文化的认同感与归属感也随之增强。在民间艺术方面，中华传统文化工作者通过培训与传播，鼓励年轻人学习和继承传统技艺，推动了艺术形式的创新发展。

（三）中华传统文化与现代社会的对接

中华传统文化工作者在推动文化转型时注重传统与现代的对接，致力于寻找二者的交会点。他们通过研究和实践，实现了中华传统文化在

薪火相传：中国传统哲学及现代化简论

当代生活的实际应用，构建起中华传统文化与现代社会的桥梁。例如，在企业文化建设中，中华传统文化工作者能够借助儒家思想、道家理念等为企业提供价值观引导，帮助企业形成良好的文化氛围。这种结合有利于提升员工的凝聚力，也为企业的发展注入了中华传统文化的智慧。在教育领域，中华传统文化工作者通过课程改革，将中华传统文化融入课堂教学，培养学生的人文素养和道德情操，使中华传统文化的价值观得以传承，学生的综合素质也得到提升。

（四）加强中华传统文化的传播与推广

中华传统文化工作者在文化传播与推广中发挥着不可或缺的作用。他们通过多媒体平台、文化展览、讲座研讨，广泛传播着中华传统文化知识，吸引着更广泛的受众；通过互联网，中华传统文化得以迅速传播，形成线上线下结合的全方位推广模式。中华传统文化工作者在传播知识的同时，还积极引导公众参与文化活动，增强了互动性和参与感。他们通过社交媒体与公众建立联系，分享文化信息，发布相关活动，鼓励大家积极参与中华传统文化的学习与实践。

三、人民群众的基础支撑

作为文化传承与发展的主体，人民的参与和认同是推动中华传统文化与现代社会结合的重要力量，无论是对中华传统文化的学习、传播，还是实践与创新都离不开广泛的群众基础。

在中华传统文化的创新转化过程中，人民群众对中华传统文化的认同感是推动文化传承的重要动力。随着社会的快速发展，许多人对中华传统文化的认知逐渐淡化。在此背景下，增强人们的文化认同感就显得尤为重要。通过参与社区活动、文化节庆和地方传统项目，民众能够重新认识和体验中华传统文化，激发他们对中华传统文化的兴趣和热爱。传统手工艺、民间艺术、节日习俗等都是深植人民生活的文化形式。通

第十章 中国传统哲学的转型与创新转化探索

过实践，群众可以传承传统技艺，还能在此基础上进行创新，年青一代在继承传统工艺的同时，运用现代设计理念，能够使传统产品焕发新的生命力，自下而上的创新既增强了群众的参与感，也使中华传统文化更加贴近当代生活。

随着社交媒体的发展，越来越多的普通民众成为中华传统文化的传播者。民众在各类网络平台上，通过分享个人对中华传统文化的理解、感悟和实践，形成了广泛的文化传播网络，这种自发的传播方式打破了以往文化传播的单向性，使中华传统文化的传播更为多元和广泛。人民群众在中国传统哲学创新转化的过程中还起着对政策的反馈和参与作用。国家在推动中华传统文化转型时，往往需要依据民众的需求和意见进行调整。通过设立意见反馈渠道，组织座谈会、文化交流等方式，人民可以直接参与文化政策的制定与实施，这不仅增强了政策的可操作性，还提高了民众对政策的认同感与支持度。在物质生活日益丰富的今天，许多人开始回归对精神文化的追求。中华传统文化所蕴含的哲学思想、道德观念和人文精神，能够满足人们对生活意义和价值的探寻。在这个过程中，中华传统文化是历史的积淀，更是现代生活的重要组成部分。通过不断吸收中华传统文化中的精神养分，人民群众在推动自身成长的同时，为文化的创新转化提供了源源不断的动力。在面对外部文化冲击和价值观多元化的时代背景下，中华传统文化成为人们共同的精神家园。通过参与共同的文化活动和节庆，人们能够增强相互之间的理解和认同，构建和谐的社会关系。

第十一章　中国传统哲学现代化的路径与手段

第十一章　中国传统哲学现代化的路径与手段

第一节　中国传统哲学与马克思主义哲学融合发展

中国传统哲学与马克思主义哲学的融合发展是一项复杂而丰富的课题。中国哲学史悠久而丰富，包括儒家、道家、法家等多种思想流派，而马克思主义哲学则源自西方的启蒙传统和历史唯物主义。二者融合发展的关键主要体现在以下几个方面。

一、价值观和伦理原则的交融

中国传统哲学中的儒家思想强调"仁爱"，认为人与人之间应保持一种基于亲情、友情和爱情的和谐关系。这种关系是动态的，需要不断地通过礼仪、教育和个人修养来维护和提升。在儒家看来，一个"仁爱"的社会不仅是和平的，而且是公正和有序的。而"和谐"是中华文明不可或缺的一部分，它不仅包括人与人之间的和谐，还扩展到了人与自然、人与社会以及人与宇宙的关系。这是一种全面和综合的和谐观念，不仅是一种社会状态，也是一种对万物的哲学态度。"中庸"代表一种适度和平衡，强调在处理各种事务和关系时应避免走向极端。这是一种注重平衡与调和的哲学观念，它教导人们在复杂多变的社会环境中寻找出一条中庸之路，以实现个人和社会的和谐发展。相对于中国传统哲学，马克思主义哲学更注重社会结构和制度层面，强调通过改变生产关系和上层建筑来实现社会公正、平等和自由。在马克思主义看来，不平等和不公正主要来源于资本主义制度下的剥削和压迫，因此解决这些问题的根本途径是进行社会制度的变革。

薪火相传：中国传统哲学及现代化简论

在现代中国，这些不同的哲学和价值观念在一定程度上实现了一种有益的互补和融合。例如，在解决社会不平等和贫富差距方面，儒家的"仁爱"思想可以帮助人们理解和认同社会公正的重要性，而马克思主义的社会公正观念则提供了具体的制度安排和解决方案。通过将"仁爱"内化为个人和集体行为的基础，同时通过制度改革来实现更加平等的资源分配和机会，现代中国社会在一定程度上实现了二者的有机结合。不仅如此，儒家强调的"和谐"与"中庸"也为社会改革提供了稳健的哲学基础。改革是一个复杂和多维度的过程，需要在激进与保守、创新与传统之间找到一种平衡。在这个过程中，"中庸"的思想就像舵一样，帮助社会在波涛汹涌的改革洪流中稳健前行。

中国传统哲学和马克思主义哲学在现代中国社会中不仅可以并存，而且在很多方面具有互补性。它们共同构成了一种复杂而富有活力的价值体系，为中国社会提供了解决当代问题的多维视角和丰富资源。通过有效融合这些不同的哲学观念和价值观，现代中国有可能构建一个更加和谐、公正和可持续发展的社会。

二、方法论的整合

在哲学领域，不同文化和传统提供了多种解决问题和理解世界的途径。中国哲学与马克思主义哲学代表着两种不同的思考模式和方法论，但在现代社会，特别是在复杂多变的中国环境中，它们有可能实现一种有意义的整合。中国哲学的一个核心思想是"观其变，守其平"，这条准则强调了平衡和调和的重要性。在处理个人、家庭、社会乃至国家层面的问题时，这一方法论倡导寻找一种和谐但非静止的平衡。这并不是一种消极的、回避矛盾和冲突的哲学观点，而是一种主动寻求平衡点、适应变化和促进和谐的方法。例如，在处理社会不平等问题时，不能激进地推翻现有制度，可以通过社会包容和改良来达到更大的和谐。与之形成对照的是，马克思主义哲学的历史唯物主义和阶级斗争理论提供了

第十一章 中国传统哲学现代化的路径与手段

一种更为激进、直接和系统性的分析工具。历史唯物主义从经济基础出发，分析社会上层建筑，包括法律、政治、文化等的形成和发展，强调社会矛盾通常源于生产力和生产关系的矛盾。阶级斗争作为这种矛盾的直接表现，是推动历史发展的根本动力。

这两者的结合也有助于形成一种更为全面和动态的视角。在考察社会现象时，历史唯物主义可能更注重"变"，而中国哲学可能更注重"守其平"。当两者结合时，人们既能理解社会现象背后深层次的动态和矛盾，也能更加审慎地评估不同解决方案可能带来的社会影响和后果。综合使用这两种方法论，不仅能够更准确地诊断问题，还能提供更为全面和可持续的解决方案。这种整合不是简单地将两者拼凑在一起，而是在理解各自的局限和优点的基础上，寻求一种更为全面和高效的分析和解决问题的方法。这样的整合可能是复杂和困难的，但正是这种复杂性和多维度性，使其成为一种能够应对现代社会多元和复杂挑战的有效工具。

三、政治哲学的创新

马克思主义哲学与中国传统哲学在政治治理方面各有特点和优势。马克思主义强调建立一个以社会平等和公正为基础的新社会。中国传统哲学，尤其是儒家和道家的思想则强调"王道政治"和"民本思想"，提倡以仁、义、礼、智、信为基础的政治治理，强调民意与民生。在现代中国社会，这两种理念有可能实现有意义的融合与创新，形成一种既注重社会公平又强调民众参与的新型政治哲学。

马克思主义的无产阶级专政和社会主义革命理论提供了一种强有力的工具和平台，用于解决社会不平等和剥削问题。通过社会制度的改革，尤其是生产关系和所有制的变革，马克思主义试图建立一个没有贫富差距和等级制度的社会。这为解决现代社会的种种问题提供了理论基础和实践路径。然而，纯粹依赖马克思主义方法可能会与人们日常生活中的多样性和复杂性难以完全匹配。这正是中国传统的"王道政治"和"民本思想"能够发挥作用的地方。"王道政治"强调君主或政府应该仁慈而公正，重视民意，关心民生，以获得民众的支持和信任。这一思想可以纠正社会主义制度中过于集中权力和忽视个体差异的倾向。通过引入"王道政治"的理念，政府不仅可以更有效地获得民众的支持和参与，还能更加灵活和人性化地进行社会管理。"民本思想"提供了一种以民为本、以人的福祉为最高目标的政治理念。这与马克思主义关注社会公平和公正的目标是一致的，但它更强调从基层和社群出发，注重个体和社会的互动和平衡。这种从底层起步、强调民众参与的方法，可以丰富和补充马克思主义在社会改革和发展方面的方法论。

通过将马克思主义的社会改革目标与中国传统哲学的政治智慧相结合，现代中国有可能形成一种更为全面和综合的新型政治哲学。这种政治哲学不仅关注社会结构和制度的公平和公正，也强调政府和民众之间的互动和平衡，以及个体和社群在政治过程中的多样性和复杂性。这种政治哲学可能更加符合现代社会的复杂性和多元性，并提供一种既可实现社会大目标，又能满足个体和社群多样需求的治理模式。这种政治哲学不仅有助于解决现代中国社会面临的各种挑战，也为全球社会提供了一种融合东西方智慧、适应21世纪复杂环境的新型政治哲学。

四、人与自然关系的重新定义

在当今全球环境问题日益严重的背景下，对人与自然关系的理解和定义变得尤为关键。在这一领域，中国传统哲学和马克思主义哲学都提供了深刻但不同的视角。通过综合两者，人们有可能构建一种更为全面和适应性强的人与自然关系观。

中国传统哲学特别是道家，倡导人与自然的和谐共生。道家的"顺其自然"观点强调人与自然的和谐相处，主张人应遵循自然的规律，而不是擅自改变或破坏它。儒家的"天人合一"理念强调人与自然、社会

第十一章 中国传统哲学现代化的路径与手段

和宇宙之间的深刻联系和相互影响。这些观点为环境保护和可持续发展提供了有力的哲学支持,强调人应尊重自然、珍惜资源,并与自然和其他生物和平共处。马克思主义哲学在某种程度上更强调人对自然的改造。马克思主义认为,人通过劳动和科技可以改造自然,以满足人的基本需求和实现社会进步。这一观点在工业社会和现代科技高度发展的条件下,为人类创造了巨大的物质财富,但也带来了诸如气候变化、环境污染和生物多样性丧失等严重问题。因此,在面对当今的环境挑战时,中国传统哲学和马克思主义哲学可以相互借鉴和融合。例如,人们可以从道家和儒家哲学中汲取对自然的尊重和谦卑,将这些观点融入环境政策和社会行为中,以促进更为可持续和环境友好的发展模式。同时,马克思主义的社会改造观点也为人们提供了一种有力的工具和方法,通过科技和社会制度的改革,实现对自然资源更为合理和高效的利用。具体来说,这种综合性的人与自然关系观可能会强调三个方面:一是尊重自然规律和生物多样性,以确保环境的可持续性;二是通过科技和社会制度的创新,实现对自然资源的合理、高效和公平的利用;三是强调人与自然不仅是物质层面的互动。

通过这种方式,人们不仅可以更有效地应对当前的环境问题,还可以构建一种更为全面、灵活和适应性强的人与自然关系观。这将有助于实现人与自然的和谐共生,促进社会可持续发展,也为解决全球范围内的环境和发展问题提供了新的思路和方法。

第二节　中国传统哲学融入当代教育的可行性分析

一、中国传统哲学蕴含丰富的教育理念，能够为当代教育提供借鉴

将中国传统哲学融入当代教育是一个多维度、多层次的议题，其涉及方面广泛，包括文化认同、教育目标、道德伦理和社会发展。

中国传统哲学，特别是儒家、道家、法家等主流思想体系，具有深厚的历史底蕴和文化内涵，并且在不同历史时期和社会环境中显示出各自持久的生命力和适应能力。

从教育目标和人才培养的角度来看，中国传统哲学具有积极的教育价值。例如，儒家强调仁、义、礼、智、信（"五常"）的道德修养，道家强调与自然和谐相处的智慧，法家则侧重规则和法治的重要性。这些观点都与当代社会中对人才的全面素质要求不谋而合，尤其是在强调道德、责任、社会参与等方面。因此，将这些传统哲学理念融入教育课程中，无疑能够丰富教育内涵，提升教育质量。然而，这并不是一项容易的任务。一方面，现代教育体制和教学方法已经比较成熟，任何改革和尝试都需要付出巨大的努力。另一方面，不同的文化和思想体系之间存在一定的差异和冲突，如何合理地将中国传统哲学融入全球化背景下的教育体系中，是一个需要仔细思考的问题。例如，一些传统的性别观念、家庭观念在现代社会中可能不再适用，甚至可能引发争议。另外，人们还需要考虑现代社会环境与古代社会环境的不同。因为许多传统观念是在特定的社会历史背景下形成的，如果只是简单地将其移植到现代社会中可能会产生不同的效果。因此，实施过程中需要特别注意，避免将某些过时或者不适应现代社会的观点引入教育体系。

二、中国传统教育哲学在时代的发展中不断丰富

中国的传统哲学在教育哲学方面有着丰富的内涵和深远的影响。这种影响不仅体现在古代,而且在现代社会和全球范围内仍有其独特的价值。

孔子强调"有教无类",即教育应是平等和普及的,还强调"因材施教",即教育应个性化,尊重每个人的不同天赋和兴趣。这些观点至今仍然被广泛应用,并且与现代教育理念有着较高的契合度。中国传统道家的教育哲学思想强调尊重各种自然规律,让孩子在自然中发展,重视文化教育及家庭教育等非正规教育,让孩子接受德行训练以培养人格,以及礼仪教育以增进全人类有益成果。这些都意味着教育不应只是强迫和规定,而应是更多的引导和启发。这与现代教育中强调的以学生为中心、主动探究等观点有着相似之处。佛家哲学虽然起源于印度,但在中国也有着广泛的影响。在现代社会中,这些传统哲学在教育哲学上的观点与西方教育理念在很多方面有着交集和融合。例如,儒家教育强调的"仁爱"和"礼仪",与西方教育中关于道德教育和公民教育的观点有着相似之处。

随着社会的快速发展和全球化进程的加速,中国传统的教育哲学也面临着新的挑战和机遇。一方面,现代科技、网络教育等新形式的出现,使"因材施教"和"有教无类"等观点更容易实现。另一方面,传统教育观念需要与现代社会的多元文化、价值观念等进行融合和创新。在新的历史条件下,这些哲学观点和价值观念不仅仍然具有独特的意义,而且在与现代社会和全球教育观念的互动中还得到了丰富和发展。通过不断地研究和实践,中国传统的教育哲学将会在未来继续发挥其独特和重要的作用。

薪火相传：中国传统哲学及现代化简论

第三节　中国传统哲学"理想人格"思想现代性指引

一、何为传统哲学中的"理想人格"

儒家思想是东方文化中的一块"基石"，特别是在人格塑造和个人修养方面。它着眼于个体和社会的和谐，以仁、义、礼、智、信为基础，旨在培养全面发展的君子。孔子的哲学思想不仅着重于道德的追求，也深入地探讨了如何实现个人的全面发展和自由。

儒家思想重视人的"精神属性"，也就是超越生理需要的层面。这是"人的超动物属性而非动物属性"。人不仅仅是一个生物体，还具有情感、思想和精神追求。这一点在儒家的君子理念中得以体现，于是便产生了我国传统哲学文化中的"理想人格"这一范畴。孔子认为，君子不仅仅是一个具有崇高道德和高尚情操的人，他还是一个在"文"与"质"方面都达到一定高度的人。"文"，在这里指的是外在形式和教养，包括学识、艺术、言谈等。孔子认为，君子必须掌握"六艺"：礼、乐、射、御、书、数。这些不仅是知识和技能，更是人格塑造和精神提升的工具。例如，学习"礼"不仅是为了懂得如何在社交场合表现，更是为了培养内心的谦逊和尊重；掌握"乐"，则是为了理解和谐与秩序的重要性。"质"，则是指内在品质，如仁、义、礼、智、信。这些品质不是与生俱来的，而是需要通过不断地自我修养和实践来培养。这一点在孔子的"躬行实践"理念中得以体现。他认为，仅有理论知识是不够的，必须将这些知识应用于实践，才能成为一个真正的君子。然而，儒家思想在历史长河中也遭到了不少误解和扭曲。例如，过度强调规范和礼仪有时会让人忽视个体心灵的自由和全面发展。孔子其实非常重视"游于艺"，即在游戏观赏娱乐中让人得到身心的全面自由。他认为，只有一

第十一章　中国传统哲学现代化的路径与手段

个全面发展的人，才能真正理解和驾驭这个世界，进而实现"以道德治天下"。简单来说，孔子的理想人格思想提供了一种全面而深刻的人格塑造模式，强调道德修养和个人全面发展的重要性。它鼓励人们在追求物质和生理需求的同时，不忘精神和道德的提升。

孟子和荀子是先秦儒家的重要代表人物，他们对君子这一儒家核心概念有着不同的解读。孟子的思想更偏向于强调内心的修养和道德觉悟，他认为一个君子应当具有内在的"仁"，并且这种"仁"应当作为个体行为和社会实践的内驱力。他提出"反求诸己"，意思是一个人在对待别人或评价外界事物时，应先以仁和礼为标准自省，从内心出发去感悟和体验仁与礼的价值。荀子更注重外在规范和教育对君子形成的作用。他在《劝学》中详细描述了学习和修养的过程，强调了知识从听觉进入，再由心灵加工，最终体现在行动和态度上。他认为"学至乎礼而止矣"，也就是说，当一个人能完全依礼行事，能在社会交往中做到礼貌合宜，那么他就已经达到了君子应有的道德境界。

孟子与荀子的不同在于，孟子更看重人的内在品德和自我觉悟，并认为仁是一种内生的、可以通过内心修养来达成的高尚品质。而荀子则看重社会和文化对个体的塑造作用，并认为君子的形成有赖于系统的教育和规范。然而，孟子与荀子的这两种观点并不是相互排斥的。在现实生活中，一个完整的君子形象可能同时需要内心的修养和外在的教育。内心的"仁"和"礼"可以作为个体行为的内驱力，使个体在面对复杂的社会现实时有一个明确的价值取向。而外在的规范和教育则为个体提供了一套行为准则，使其更容易在社会中获得认同和尊重。因此，孟子和荀子的思想在现代依然具有较高的参考价值。君子理念一方面告诉人们应如何修炼自己的内心世界，成为一个有道德内涵的人；另一方面也告诉人们如何在一个多元和复杂的社会环境中，通过学习和实践适应外界规范，成为一个既有内涵又有修养的完整人格。这两方面的努力相辅相成，才能成为一个真正意义上的君子。

薪火相传：中国传统哲学及现代化简论

综合先秦孔子、孟子、荀子等代表学说可知，儒家文化对理想人格的探索和定义，一直是一个富有哲理和内涵的课题。儒家理论认为，一个理想的人格不仅要在行为和外在表现上符合"礼"的要求，还需要从内心深处追求"仁"的品质。这样，人不仅在外在行为上符合社会规范和期待，更在内心达到了一种高尚和谐的境地。这样的理想人格，被儒家称作君子、贤达或圣人。这一儒家观点对中国艺术，特别是文学和美术有着深远的影响。因为在儒家看来，真正的艺术不仅是技艺的展示或情感的释放，更是一种道德和价值观的传达。艺术作品，无论是文字还是图画，都应当能体现人的善良和美好，从而达到"文质彬彬、善美融合"的理想境界。这样的作品，不仅能给人以审美的享受，还能在潜移默化中提升人们的道德修养和价值观。然而，现实生活中，"文不如其人"的现象也确实存在。一些作家和艺术家在作品中展现出崇高的道德情操和深刻的人生观，但在现实生活中，他们自身的道德修养和人格完善却并不如人意。其中有多种因素，包括社会环境、个人经历、心理压力等，这些都可能影响一个人的实际行为与其理想人格之间的差距。这一现象反映出儒家思想中对理想人格的追求，这条道路也确实是"路漫漫其修远兮"。在这个过程中，不仅需要个体自身的不断努力和修炼，还需要社会环境和文化背景的有力支持。这说明人格修养不仅是提升艺术造诣的重要条件，更是一种对社会和文化的责任。

儒家强调的"仁"和"礼"，在当今社会依然具有重要的现实意义。社会各界人士都应在日常生活中努力修炼自己的人格，以达到儒家提倡的理想境界。可以说，儒家对理想人格的追求为人们提供了一个全面而深刻的人生观和价值观。这一观点不仅在古代有着重要的指导作用，在现代社会中依然具有广泛的应用价值。

二、"理想人格"对现代社会的现实指引意义

理想人格可以视为价值理想的具体体现，它以综合的形态展示了人

第十一章 中国传统哲学现代化的路径与手段

的价值取向、内在德行、精神品格。儒家从先秦开始就注重人格理想的问题。人应当走向何种存在形态？完美的人格具有何种内涵？这些问题都为儒家人格学说所关注。尽管随着社会的演进，人们对人格的理解需要进行历史的转换，但儒家人格学说中的一些思考在今天依然有意义。

（一）"理想人格"思想提供了一种人与自然或人与"道"相统一的内在的路径和模式

在中国传统哲学中，尤其是儒家和道家哲学，重视的是人自身的"内圣"，即对主观世界的认识和改造。这种改造是一种内在的路径和模式，需要人通过修身、齐家、治国、平天下的步骤，从个体到社会，从心灵到物质世界进行全面提升。理想人格不仅是一种外在表现，更是一种对"道"的内在实践和体验。这里的"道"不仅是一种自然法则，还包括道德、伦理等多个方面。通过内在的修炼，人可以与自然和"道"达到一种和谐统一。这也是为什么在东方哲学中经常可以看到与自然界的和谐共存是高尚人格的一种表现。相对来说，在西方哲学中，尤其是像海德格尔这样的现代西方哲学家，其更多的是从人作为"此在"的角度去探讨人与自然或世界的关系。在这样的观点下，人是一个独立于自然和世界的存在者，他们之间的关系更多的是一种相互作用或者影响。这种外在的立场使西方哲学在探究人与自然的关系时往往更侧重于科技、逻辑和理性等方面。

这两种不同的哲学观点也反映了两者在现实生活中的应用和影响。在中国文化中，人们更倾向于通过内心的修炼和智慧解决问题；而在西方文化中，人们更倾向于通过科技和理性思考解决问题。不过，随着全球化和文化交流的加深，这两种不同的观点也在逐渐接近和融合。许多现代哲学家和思想家开始尝试将东西方哲学的优点结合起来，以寻找一种更全面、更和谐的人与自然、人与"道"的统一路径。例如，生态哲学和可持续发展的概念就是东西方哲学思想交融的产物。在这里，人们

薪火相传：中国传统哲学及现代化简论

不仅是自然的征服者，也是自然的一部分和守护者。通过内外结合的方式，人们试图找到一种既符合科学原理，又符合道德和伦理要求的人与自然的和谐关系。

无论是东方的"内圣外王"的理念，还是西方的"此在与存在"的观点，都在各自的文化和历史背景下有其独特的意义和价值。然而，在当今这个日益复杂和多元的世界中，人们更需要一种融合和包容的视角，以便更好地理解和应对各种挑战，实现人与自然、人与"道"的和谐统一。

（二）"理想人格"思想为拯救现代性危机提供了一种重要的中国方案

理想人格观念为解决现代性问题提供了一个有价值的中国视角。从近代开始，人类面临的比较紧迫的问题就是如何进行现代化，这在理论层面上主要是关于如何合理地构建和形塑"现代性"。多数当代哲学家和思想家普遍认为，现代性存在一种或多种形式的危机。这种现代性危机究竟是怎么回事？实际上，这是由于人们无法控制自己的需求和欲望，这些需求和欲望得到了不受限制的扩张。具体来说，自近现代以来，市场经济的普遍化和高度发达，以及工业和科技的迅猛发展，都显著提高了人们满足自身需求和欲望的能力。同时，人们的需求也发生了根本性的变化：从追求使用价值转向了追求价值本身。正如马克思在《资本论》所提示的那样，在自然经济条件下，人们追求的主要是使用价值，这种价值是有限和具体的。现代性问题不仅是一个技术或经济问题，更是一个伦理和人文问题。因此，理想人格的构建有助于人们更好地成为自己需求和欲望的主人，从而为解决现代性危机提供了一个可能的方案。

因此，在市场经济环境下，人们的目标从追求具体和有限的使用价值转向了追求无限和无止境的价值，这样就导致了贪婪和对财富的过度

第十一章 中国传统哲学现代化的路径与手段

渴望变成了主导性。这些问题实质上反映了现代性危机的核心——在高度现代化的社会里，人逐渐成为自己需求和欲望的受害者，而不是掌控者。这不仅是一个经济或社会问题，从根本上说还是一个道德、伦理和价值观问题。所以，在某种程度上，解决现代性危机或实现真正的现代化最终可能取决于人们如何处理这些道德和伦理问题。具体来说，这涉及如何将道德和伦理原则应用到实际生活中，以及如何发挥价值观的影响力。这正是中国传统哲学中"理想人格"的观念能发挥重要作用的地方。这一观念提供了一个框架，帮助人们在满足物质需求的同时，能兼顾精神和道德层面，从而有望成为解决现代性危机的一种可能路径。这也显示了中国传统哲学在现代社会中仍然具有高度相关性和重要价值。

（三）"理想人格"思想丰富和充实了我国现代哲学的内涵

"理想人格"这一观念不仅具有深厚的历史底蕴，其在现代哲学领域也有着广泛而深刻的影响。这种影响表现在多个维度，如伦理学、社会学、政治学等，丰富和充实了我国现代哲学的内涵。

从伦理学的角度来看，理想人格观念为个体的道德发展提供了一种全面而细致的蓝图。它强调不仅要追求个人的幸福和自由，还要关注个体与社会、与自然、与他人的和谐相处。这不仅是一种道德准则，也是一种生活智慧，它影响了现代中国人对于"什么是好人""如何成为一个好人"等基础问题的思考。

从社会学的视角来看，理想人格的观念具有积极的社会功能。它鼓励人们追求一个更加公平、和谐、包容的社会环境。在这样的文化氛围下，人们更愿意关心社会公义、环境可持续性和民族团结等问题，这些都是现代哲学关注的重要议题。

从政治学领域来看，理想人格的观念起到了积极的作用。它强调个体与集体的平衡，以及权利与责任的对等，从而为政治体制的公平性和有效性提供了理论支持。在具体的政策和制度设计中，这一观念也能够

· 243 ·

薪火相传：中国传统哲学及现代化简论

作为一种重要的指导原则。

从文化和宗教层面来看，理想人格的概念有其独特的价值。它与儒家、道家、佛家等多种思想传统有着紧密的联系，是一种真正融合了东西方哲学精粹的观念。因此，它不仅能够促进文化的内在和谐，也有助于增进不同文化和信仰体系之间的相互理解和尊重。

理想人格这一观念以其全面性、深刻性和实用性，丰富和充实了我国现代哲学的内容。它不仅提供了一种全局性的视角，用以解读和应对复杂多变的现实问题，也为不同学科和领域之间的交流与合作打开了新的可能。因此，这一观念无疑是我国现代哲学体系中不可或缺的一部分，它将继续在未来的学术研究和社会实践中发挥重要的作用。

参考文献

[1] 方朝晖. 中国哲学是如何可能的？：再谈中国哲学的合法性危机 [J]. 文史哲，2022（3）：51-63，165-166.

[2] 封永佳. 物我交融　因心造境：中国传统山水画的空间意识抉微 [J]. 艺术教育，2022（6）：157-160.

[3] 呼思乐，刘燕君. 从科学实践哲学视角看中医现代临床科研中"证"的演化及其意义 [J]. 科学技术哲学研究，2022，39（3）：117-122.

[4] 李娟. 中华民族共同体意识的历史逻辑 [J]. 西北师大学报（社会科学版），2022，59（4）：67-75.

[5] 周嘉昕. 经典的时代与时代的经典 [N]. 中国社会科学报，2022-05-26(3).

[6] 单继刚. "中国马克思主义哲学"何以可能 [J]. 中国社会科学，2022（5）：46-64，205.

[7] 苏培君. 从抽象继承到历史性梳理：中国话语的马克思主义哲学方法论重构 [J/OL]. 江苏社会科学，2022（3）61-71.

[8] 张磊，于洋航. 组织行为学视域下主动担责行为的概念、整合模型及研究展望 [J]. 国外社会科学前沿，2022（5）：15-30.

[9] 王南湜. "赞天地之化育"与"人是对象性活动"的比较与汇通：中国化马克思主义哲学"'事'的本体论"建构论纲 [J]. 学习与探索，2022（1）：10-20.

[10] 汪四红. 论传统文化的"经世致用"和马克思"实践观"的互融相通 [J]. 浙江学刊，2022（3）：180-186.

[11] 刘跃兵. 尚气的生命精神：论气化哲学对中国传统美学的影响 [J]. 名家

名作，2022（4）：184-186.

[12] 侯冠宇. 以科学哲学开创经济思想史研究的新进境：《近代中国传统经济思想现代化研究：以民生经济学为例（1840—1949）》读后[J]. 辽东学院学报（社会科学版），2022，24（2）：130-134.

[13] 苏培君，任平. 论构建"中国话语的马克思主义哲学"的思想性引领原则[J]. 马克思主义与现实，2022（2）：40-46.

[14] 石丽娟. "立德树人"视域下中国传统哲学智慧的育人价值[J]. 巢湖学院学报，2022，24（2）：159-164.

[15] 潘建屯，黄秋玉. 习近平同志关于家庭家教家风建设重要论述的三维哲学阐释[J]. 毛泽东思想研究，2022，39（2）：43-49.

[16] 郭青，郑毅. 中国古代造物思想对可持续设计的启迪[J]. 艺术家，2022（3）：51-54.

[17] 游旭群，陆航. 承继中华优秀学术传统[N]. 中国社会科学报，2022-03-18（6）.

[18] 李彬. 中国哲学学科建立过程中对"气"的诠释[J]. 国际儒学（中英文），2022，2（1）：7-13，165.

[19] 郭卫华. 论中国情理主义道德哲学传统的传承与创新[J]. 中州学刊，2022（3）：94-100.

[20] 游柱然. 中国传统德育哲学的认识与思考[J]. 中国德育，2022（5）：15-20，26.

[21] 孔茹，张亚能. 文化哲学视域下中国梦的探究[J]. 公关世界，2022（4）：134-135.

[22] 余佳樱. 新时代习近平生态文明思想的哲学基础[J]. 佳木斯大学社会科学学报，2022，40（1）：8-10，14.

[23] 席文哲，涂鹏. 中国传统生命哲学观照下生命教育的当代回归[J]. 吉林省教育学院学报，2022，38（2）：152-158.

[24] 朱汉民. "实事求是"与实践唯物主义[J]. 新湘评论，2022（3）：12-14.

[25] 杨延刚，冯莉，徐文仪，等. 大学生人际关系敏感、恐惧与抑郁的关系研究[J]. 心理月刊，2022，17（2）：62-64.

[26] 刘峻杉.中国传统教育哲学的研究方法论探讨[J].教育学报,2021,17(6):25-37.

[27] 药飞飞,李英平.试论伟大建党精神的哲学基础[J].山西广播电视大学学报,2021,26(4):2-7.

[28] 方松华,熊务丰.中西哲学比较与"中国哲学"的当代构建[J].学术月刊,2021,53(12):5-12.

[29] 胡晓艺."人与自然和谐共生的现代化"理念的哲学意蕴[J].桂海论丛,2021,37(6):60-64.

[30] 戴雄彪.以高度文化自信继续推进马克思主义中国化进程[J].国防科技工业,2021(11):82-84.

[31] 秦洁.中国哲学传统及其当代重建学术研讨会在济南召开[J].周易研究,2021(5):101.

[32] 沈浩.新时期以来关于布莱希特与中国文化的研究述评[J].沈阳工程学院学报(社会科学版),2021,17(4):79-84.

[33] 王伟光.坚持社会形态与思想史融通 继承和弘扬中华优秀传统思想[N].天津日报,2021-10-11(9).

[34] 宋石磊.哲学与艺术的"观看之道":评《观·物:哲学与艺术中的视觉问题》[J].美育学刊,2021,12(5):I0004.

[35] 熊斌,陈琳.新时代背景下中国传统哲学在大学生价值观教育中的作用研究[J].大陆桥视野,2021(9):107-109.

[36] 高海波.现代中国哲学家哲学方法论溯源及其自觉[J].清华大学学报(哲学社会科学版),2021,36(4):167-173,208.

[37] 吴航宇.中国传统文化中生态哲学思想的若干思考[J].青春岁月,2021(16):28-29.

[38] 应奇.古今中西之争的哲学求解:论一个哲学传统的养成[J].哲学分析,2021,12(4):187-195.

[39] 纪光欣,孔敏.论泰勒科学管理理论的系统性特征[J].系统科学学报,2022,30(2):18-24.

[40] 宋岭.中国传统哲学中的具身化思想及其教育意蕴[J].社会科学论坛,2021(4):192-201.

[41] 张汝伦.论中国哲学的普遍性[J].复旦学报(社会科学版),2021,63(3):29-37.

[42] 杨国荣."世界性百家争鸣"与中国学术的未来[J].探索与争鸣,2021(6):181-190,231-232.

[43] 梁欢欢,胡剑城,蔡晓东,等.基于"霍桑实验"下高校校外教学实习基地学生管理探讨:以广东职业技术学院教学实习基地光电学院为例[J].课程教育研究,2020(8):252.

[44] 王雨辰,汪希贤.论习近平生态文明思想的内在逻辑及当代价值[J].长白学刊,2018(6):30-37.

[45] 叶澜.中国哲学传统中的教育精神与智慧[J].教育研究,2018,39(6):4-7,23.

[46] 叶晓平.高等职业技术教育人才培养模式研究[D].西安:西安建筑科技大学,2007.

[47] 王娣妙,李晓燕,冯爱芳,等.路径:目标理论对护理管理者的启示[J].当代护士(综合版),2006(2):19.